I0245663

www.ingramcontent.com/pod-product-compliance
Lightning Source LLC
Chambersburg PA
CBHW031322160426
43196CB00007B/623
9781997503118

---------------انتشارات آسمانا---------------

رنگ و راز

زندگینامه‌ای در هفت تابلو

ایرن‌مونیک صالحی

نشر آسمانا، تورنتو، کانادا
۱۴۰۴/۲۰۲۵

رنگ و راز
نویسنده: ایرن‌مونیک صالحی
ویراستار: فرشته احمدی
ناشر: آسمانا، تورنتو، کانادا
طرح روی جلد: واحد طراحی نشر آسمانا
براساس نقاشی «چرخه‌ی حیات» اثر ایرن‌مونیک صالحی
صفحه‌آرا: واحد طراحی نشر آسمانا
نوبت چاپ: اول، ١٤٠٤/٢٠٢٥
شماره آی‌اس‌بی‌ان: ۹۷۸۱۹۹۷۵۰۳۱۱۸

حق چاپ برای ناشر محفوظ است

رنگ و راز

زندگی‌نامه‌ای در هفت تابلو

ایرن‌مونیک صالحی

فهرست

تابلوی اول: ۹
وداع

تابلوی دوم: ۲۷
شعله‌های درد

تابلوی سوم: ۵۳
افلیا

تابلوی چهارم: ۶۳
عروس داغدار

تابلوی پنجم: ۸۱
بیان غم

تابلوی ششم: ۱۱۱
تنهایی

تابلوی هفتم: ۱۲۹
چرخه‌ی حیات

تابلوی اول:

وداع

مردی روی تخت بیمارستان کنار پنجره‌ای روشن دراز کشیده. دو پسربچه با شادی کنار تختش ایستاده‌اند و مرد رو به آن‌ها می‌خندد. پسرها کت‌هایی چهارخانه و یکسان به تن دارند و در خنده‌شان بی‌خبری و سادگی کودکانه موج می‌زند. کمی دورتر دختری بزرگ‌تر که پالتویی قهوه‌ای به تن دارد، ایستاده و با چشم‌هایی نگران نگاهشان می‌کند. دختر از آن بی‌خبری کودکانه فاصله گرفته و نمی‌تواند مثل پسرها بی‌خیال و خوشحال باشد. دورتر از همه‌ی آن‌ها زنی بچه‌به‌بغل نزدیک در اتاق بیمارستان ایستاده و تماشایشان می‌کند. چیزی در حال تغییر است... و زن که کوچک‌ترین پسرش را در آغوش گرفته این را خوب می‌داند.

رنگ‌های تابلو شاد و گرم و سرشار از زندگی‌اند؛ لباس مرد آبی لاجوردی است و با بخشی از آسمان که از پنجره‌ی اتاق دیده می‌شود، همخوانی دارد. صندلی چرمی قرمزی در اتاق است که نور، درخشندگی سرخ‌گونی به آن داده. با این حال حضور مرگ در اتاق حس می‌شود؛ شاید در نگاه دختر بزرگ‌تر و از طرز ایستادن مادر در آستانه‌ی در.

رنگ و راز

من... من پنجاه روزه‌ام و در این قاب حضور ندارم. در پاریس به دنیا آمده‌ام، نامم را صلح گذاشته‌اند و در آینده نقاش خواهم شد.

تابلوی اول: وداع

پدر سال‌ها با تحمل دردی در شکمش زندگی می‌کرد. هر صبح که بیدار می‌شد، پیش از آنکه چای داغش را بنوشد، آن درد و سوزش عمیق سراغش می‌آمد. با هر لقمه که به دهان می‌برد، به آن درد فکر می‌کرد؛ به تهوع و استفراغی که چند ساعت بعد گریبانش را می‌گرفت.

در ایران، به پزشکان زیادی مراجعه کرده بود؛ متخصصان داخلی، پزشکان عمومی و حتی حکیمان سنتی. همه هم در یک چیز متفق‌القول بودند؛ زخم مزمن اثناعشر. درمان‌ها امّا بی‌ثمر بود، داروهای گیاهی، قرص‌های رنگارنگ و رژیم‌های غذایی هیچ‌کدام حریف آن درد نبودند.

بعدها وقتی بزرگ‌تر شدم به دلایلی کارم شده بود سرک کشیدن در کتاب‌های پزشکی و خواندن نشانه‌های انواع بیماری و شیوه‌های درمانشان. درباره‌ی بیماری پدر هم چیزهای زیادی خواندم؛ اثناعشر (Duodenum) اولین بخش از روده‌ی کوچک است و بلافاصله پس از معده قرار دارد و مسئول جذب

مواد غذایی و پردازش آن‌ها است. درد معمولاً در اثر التهاب یا آسیب به دیواره‌ی روده ایجاد می‌شود که در مورد پدر، مسئله کمی تفاوت داشت چون سال‌های زیادی او را گرفتار کرده و مزمن شده بود.

از دو سال پیش که پدر به واسطه‌ی شغلش همراه همسر و چهار فرزندش راهی پاریس شده بود، امید داشت که شاید بتواند در این شهر مدرن متخصصانی کارکشته‌تر پیدا کند و از دست این درد رها شود. اما بهترین متخصصان گوارش پاریس هم تشخیصشان همان بود؛ زخم مزمن اثناعشر. داروهای جدید هم مرهمی موقت بودند و کار چندانی از پیش نبردند.

پدر خسته شده بود؛ خسته از شب‌هایی که خواب از چشمانش ربوده می‌شد، خسته از ترس‌هایش بابت هر یک لقمه‌ای که به دهان می‌بُرد. غذاها طعم و مزه نداشتند و خوردنشان لذت‌بخش نبود. بیشتر به دشمنانی شبیه بودند که می‌خواستند وارد بدنش شوند تا به عذابش دامن بزنند.

پزشکان گفته بودند جراحی تنها راه‌حل است و پدر ناچار بود تصمیمی جدی بگیرد. شاید حالا کل این قضایا چندان پیچیده به نظر نرسد اما در آن سال‌ها و با وجود امکانات پزشکی محدود جراحی کاری خطرناک محسوب می‌شد. آنتی‌اسیدها و آنتی‌بیوتیک‌های امروزی وجود نداشتند یا لااقل این همه فراگیر

و در دسترس نبودند. با این حال جراحی اگر چه خطرناک، اما اغلب تنها راه برای رهایی از اغلب بیماری‌های مزمن به شمار می‌رفت.

در یکی از جلسات معاینه، مادرم با فرانسه‌ی دست‌وپا شکسته‌ای که طی دو سال گذشته یاد گرفته بود، از پزشک خواسته بود نظرش را با زبان ساده برایش توضیح بدهد و فهمید در جراحی پدر یک درصد احتمال مرگ را هم باید در نظر بگیرند. شاید یک درصد در مورد همه‌ی چیزهای دیگر ناچیز به حساب بیاید اما در مورد مرگ... دنیا روی سر مادرم خراب شده بود و در روزهای بعد از این مکالمه انگار بخشی از وجودش در لحظه‌ی حال وجود نداشت. دست‌هایش تند و بی‌وقفه می‌شستند و می‌پختند و جمع‌وجور می‌کردند، اما روحش کنارش حاضر نبود.

شبی که قرار بود فردایش پدر در بیمارستان بستری شود، مادر مرا خواباند، به پسرها و سیما سرکشی کرد، خسته و پریشان کنار پنجره نشست و به نورهای خیابان خیره شد. «یک درصد احتمال مرگ» او را برد به روزهای از دست دادن پدرش، وقتی که خودش همسن و سال سیما، خواهر بزرگم، بود. سال‌های زیادی از آن روز تلخ می‌گذشت. تلاش کرده بود تصاویرش را از ذهنش پاک کند، اما آن شب تصاویر و صداها بی‌رحمانه هجوم آورده بودند. صدای شیون مادرش را می‌شنید و چهره‌ی خواهر کوچکش را می‌دید که دیگران از روی ترحم به سرش دست

می‌کشیدند. زندگی باری سنگین شده بود و خود را رها کرده بود روی شانه‌های مادرش. با این یادآوری احساس کرد شانه‌هایش بیشتر و بیشتر به جلو خم می‌شوند. چشم‌هایش سنگین شده بودند و خواب تلاش می‌کرد او را به دنیای خودش ببرد تا از فکر و خیال دست بردارد، اما مادر حتی در خواب هم لحظه‌ای از فکرکردن به مرگ دست نکشید.

فردا صبح من و بقیه‌ی بچه‌ها را به کاترین سپرد و همراه پدر راهی بیمارستان شدند. هوا مه‌آلود بود و سرمای زمستانی پاریس روی شیشه‌های پنجره‌ی بیمارستان می‌نشست. پدر همراه مادرم ازبخش پذیرش به سمت اتاقش حرکت کرد. پالتوی سرمه‌ای‌اش را روی شانه‌هایش انداخته بود و با آرامش کنار مادر گام بر می‌داشت. احتمالاً توی اتاقش نگاهش به همه جا چرخیده بود و از دیدن پنجره و درختان انبوه حیاط بیمارستان خشنود شده بود. امّا مادرم، مثل همیشه، نمی‌توانست بی‌کار بماند. شاید آشفتگی‌اش را در مرتب کردن چیزها پنهان می‌کرد. روتختی را صاف کرد، بالش‌ها را دوباره تنظیم کرد. با صدایی که به سختی می‌توانست لرزشش را پنهان کند، گفت: «پالتوت رو بده تا آویزون کنم.» پدر بدون هیچ حرفی پالتویش را به او داد. مادرم کُند، خیلی کُند آن را در کمد آویزان کرد و با سرانگشتانش پرزهای روی سرشانه‌ها را گرفت. بعد دمپایی‌های پدر را از ساک بیرون آورد و جلوی پایش گذاشت.

تابلوی اول: وداع

تصور می‌کنم با کند کردن حرکاتش می‌خواست کاری کند تا زمان کندتر بگذرد، شاید در ناخودآگاهش می‌دانست دقایق آخر با هم بودنشان را سپری می‌کنند.

«دوست داری لباس بیمارستان رو بپوشی یا کت و پیژامه‌ی خودت رو؟»

پدر که در آرامش و حرکات کُند با مادر هم‌ریتم شده بود، با صدایی ملایم‌تر از همیشه گفته بود: «فعلاً لباس بیمارستان رو ترجیح می‌دم.»

مادرم لباس تا شده‌ی بیمارستان را باز کرد و کمک کرد تا پدر آن را تنش کند و روی تخت دراز بکشد. بعد اهرم‌های تخت را کمی چرخاند تا سر پدر کمی بالاتر قرار بگیرد.

«راحتی؟»

«راحتم.»

صندلی چرمی قرمزرنگی را که در گوشه‌ی اتاق بود به کنار تخت کشید و پنجره را باز کرد. هوای تازه به درون اتاق خزید و کمی از سنگینی فضا را کم کرد، اما نه آن‌قدر که دل آشوب‌زده‌ی مادر را آرام کند.

روی صندلی سرخ نزدیک پدر نشست و نگاهش را به چهره‌ی او دوخت. چیزی نمی‌گفت، اما دلش پر از حرف بود. پدر آرام گفته بود: «نگران نباش. همه چیز درست می‌شه.» مادر جوابی نداده بود. فقط سرش را پایین انداخته بود و خیره شده بود به دست‌هایش. شاید تا از نگاه پدر فرار کند، شاید هم در دلش دعا می‌کرد برای مردی که ستون خانه‌امان بود، برای فرزندانش، برای فردایی که در مه فرو می‌رفت و مادر هر چه تلاش می‌کرد نمی‌توانست روشن و آشکار ببیندش.

در لحظاتی که دو پرستار آمدند و پدر را به اتاق عمل بردند، مادر را تصور می‌کنم که دورتر ایستاده و تماشا کرده، بعد نشسته روی نیمکتی نزدیک بخش جراحی و دست‌هایش را در هم گره کرده و زیر لب دعا خوانده. جز دعا کردن چه می‌توانسته بکند؟ لااقل دعا کردن فکرش را از اتفاق‌های بد دور می‌کرده و امیدوار نگهش می‌داشته. لابد گاهی که دعا را قطع می‌کرده بلافاصله صدای آزاردهنده‌ی ذهنش را می‌شنیده: «اگر... اگر... اگر...» پس دوباره لب می‌جنبانده و به دعا خواندن ادامه می‌داده.

مادرم در آن لحظات طولانی و کشدار احساس می‌کرده همه‌چیز در اطرافش شبیه فیلمی کُند در جریان است؛ آمد و رفت پرستارها و تخت‌های چرخدار و بیمارانی روی ویلچر همه آهسته از جلوی چشمانش می‌گذشتند و او را می‌بردند به دو سال پیش، زمانی که همراه همسرش و سیما، دختر بزرگش، و سه

تابلوی اول: وداع

پسرش سعید و مسعود و مجید سوار لندرور شده بودند و ساک‌ها و چمدان‌ها را هم در آن جا داده بودند و از تهران به سمت پاریس حرکت کرده بودند. جاده‌های پرپیچ وخم شهرهای ایران و کشورهای دیگر را پشت سر گذاشته بودند تا به پاریس برسند. بچّه‌ها توی ماشین شلوغ می‌کردند، گاهی از خستگی غر می‌زدند و گاهی هم آن‌قدر بازیگوشی می‌کردند که مجبور می‌شدند کنار جاده توقّف کنند. سیما، سعی می‌کرد سعید و مسعود را سرگرم کند، امّا خودش هم از آن راه طولانی خسته شده بود. آن سفر با همه‌ی سختی‌هایش برای مادرم مثل یک ماجراجویی شیرین بود و نمی‌توانست اشتیاقش را برای زندگی در کشوری جدید با زبان و فرهنگی کاملا نو پنهان کند. به یادگیری زبان فرانسه که فکر می‌کرد، کمی نگران می‌شد اما بودن کنار پدر دلگرمش می‌کرد؛ کنار او همه چیز آسان خواهد بود... حالا چه؟ حالا اگر نباشد چه می‌شود؟ هرگز تصوّر نمی‌کرد روزی پدرم را روی تخت جراحی بیمارستان در پاریس ببیند. دعاهای زیر لبش دیگر بی‌وقفه شده بودند. دلش آرام نمی‌گرفت. در اعماق وجودش از خدا و کائنات می‌خواست که همه چیز به خوبی پیش برود.

بالاخره، درِ اتاق عمل باز شد. مادرم از جا پریده بود و نگاهش را دوخته بود به لب‌های دکتر.

«جراحی موفقیت‌آمیز بود.»

لبخند روی لب دکتر مطمئنش کرده بود که اشتباه نفهمیده. انقباض از تنش رفته بود، پاهایش سست شده بودند، اشک هم مجالی یافته بود برای سرازیر شدن. به دیوار تکیه داده بود تا نیفتند و منتظر مانده بود تا پدر به هوش بیاید.

پدر لبخندی کمرنگ به چهره داشت و با صدایی که انگار از اعماق چاه می‌آمد گفته بود: «دیدی گفتم همه چیز درست می‌شه؟» بعد خواسته بود که بیشتر از این توی بیمارستان نماند. به خانه برود و استراحت کند.

«بچه‌ها ... بچه‌ها تنهان.»

«نگران اونا نباش. کاترین پیششونه.»

کاترین زن جوان و مهربان اهل دومینیکن، یکی از شانس‌های بزرگ مادر در پاریس بود. در تمام دو سال گذشته همراه دختر کوچکش در یکی از اتاق‌های خانه‌ی ما ساکن شده بود و در انجام کارهای خانه کمک‌حال مادر بود. سال‌ها بعد وقتی نوزده‌ساله بودم و برای ادامه‌ی تحصیل از تهران به پاریس بازگشتم، سراغ آن خانه رفتم و پیدایش کردم؛ خانه‌ای با در بزرگ آبی که دو سال خاطره‌ی تلخ و شیرین از خانواده‌ام را در دل خود پنهان کرده بود. جلوی در ایستادم و پدر، مادر، خواهر و برادرهایم را تصور کردم که چگونه به طرز عجیبی آرزوهایشان بر باد رفت. دوست داشتم داخل خانه را ببینم. در زدم، انگار

کسی در خانه نبود. لحظه‌ای ایستادم و به صدای سکوت گوش کردم و بعد کم‌کم سکوت تبدیل شد به صداهایی از گذشته؛ خنده‌های مادر در آشپزخانه، صدای بازیگوشی‌های برادرهایم در راهرو و صحبت‌های بی‌پایان پدر درباره‌ی آینده‌ای که هرگز نیامد.

سه روز بعد از جراحیِ پدر، من در خانه پیش کاترین ماندم تا مادر، سیما و پسرها را به دیدن پدر ببرد. سیما شاد از ملاقات پدر با شور و شوق برایش کاردستی درست می‌کرد، مسعود و سعید هم به تقلید از او با دست‌های کوچکشان کاردستی‌هایی درست کردند تا با خود به بیمارستان ببرند. من احتمالاً بی‌اعتناء به اتفاق‌های دور و برم در آغوش کاترین خواب بودم، اما دوست دارم مادر را تصور کنم که برای پوشاندن لباس‌های پشمی و گرم به تن پسرها با آن‌ها کلنجار می‌رود. سیما پالتویی قهوه‌ای به تن کرده بود که به خاطر چین‌های دوقلوی کمرش خیلی دوستش داشت و بعدها من هم آن را پوشیدم.

در آن آخرین روزهای زمستانی پاریس، مادرم را می‌بینم که پالتو مشکی بلندی به تن دارد و مجید را در آغوش گرفته و سه فرزند دیگرش دنبالش راه می‌روند تا به ایستگاه مترو برسند. تا رسیدن به بیمارستان راه درازی در پیش داشتند و باید دو بار قطار

عوض می‌کردند اما بچه‌ها از راه رفتن در شهر و قطارسواری خوشحال به نظر می‌رسیدند. هر بار که مترو از تونل زیرزمینی بیرون می‌آمد و آن‌ها می‌توانستند خیابان‌ها و مناظر اطراف را ببینند، سوال‌های بی‌پایانشان از مادر شروع می‌شد. مادر با حوصله جوابشان را می‌داد.

سیما که سیزده‌ساله بود، خیلی زود از بچگی درآمده بود و دستیار مادر محسوب می‌شد. در سوار و پیاده کردن پسرها و رفت و آمدشان در مسیرهای شلوغ حسابی کمک می‌کرد و مسئولیت‌پذیربود و با حساسیت فوق‌العاده‌اش می‌دانست جایگاه خاصی پیش مادر دارد.

نگاه پدر که روی تخت بیمارستان نشسته بود، با دیدن بچه‌ها روشن شد و خنده به لبش آمد.

«بیاید تو بغلم، چقدر دلم براتون تنگ شده بود. این چند روزی که شما رو ندیدم خیلی بهم سخت گذشته.»

سیما را در آغوش کشید و گفت: «چقدر خانم شدی! این روزها در نبود مامانت در خانه مراقب پسرها هستی؟»

مادرم تلاش کرده بود مجید را روی تخت پدر بنشاند، اما مجید از دیدن محیط جدید هیجان‌زده بود و دلش می‌خواست ورجه ورجه کند و به همه چیز دست بزند.

تابلوی اول: وداع

مادرم حافظه‌ی بصری فوق‌العاده‌ای داشت. روایت‌هایش از کودکی ما، سفرشان به پاریس و بیماری پدر سرشار از جزییاتی بود که باعث می‌شد، خیال کنم خودم هم در تک‌تک آن لحظه‌ها حضور داشته‌ام. تصویری که از آخرین ملاقات بچه‌ها با پدرم در بیمارستان در ذهنم ثبت شده بود، ثابت نبود و هر بار که به آن فکر می‌کردم اشیاء و رنگ‌ها تغییر می‌کردند و جای بچه‌ها عوض می‌شد. اما لباس پدر همیشه آبی لاجوردی بود و صندلی قرمز توی اتاق هم شاید به خاطر رنگش، پررنگ و تغییرناپذیر سر جایش باقی می‌ماند. گل‌های توی گلدان هر بار رنگی داشتند و مادر گاهی مجید را در آغوش داشت و گاهی نشسته بود روی صندلی. سیما گاهی لبخند می‌زد اما بیشتر اوقات چهره‌ای گرفته و نگران داشت. با کشیدن تابلویی از این صحنه گویی می‌خواستم همه‌ی چیزها سر جایشان آرام بگیرند، می‌خواستم خودم را هم حاضر بدانم... جایی بیرون از آن، شاید نزدیک به شانه‌ی مادر.

تا یکی، دو روز بعد از این دیدار به نظر می‌رسید اوضاع خوب است و پدر به زودی مرخص خواهد شد. در واقع تا پیش از آن تلفنِ بدموقع همه خودشان را برای حضور دوباره‌ی پدر در خانه آماده می‌کردند. اما تلفن زنگ زده بود. آن هم موقعی که مادر تازه از بیمارستان به خانه رسیده بود و خبر خوش را به بچه‌ها

داده بود: «پدر دو روز دیگه مرخص می‌شه.» اما در صدایی که پشت تلفن به مادر گفته بود سریع خودش را به بیمارستان برساند، چیزی بدیمن وجود داشت که حتی سیما و سعید هم از تغییر چهره‌ی مادر آن را حس کرده بودند. مادر سرسری و با عجله پالتویی را که تازه از تن درآورده بود روی دوش انداخت و بیرون زد. لابد تا وقتی دوباره آن همه راه را برود و به بیمارستان برسد فکر و خیال‌ها مثل خوره به جانش افتاده بودند و به استخوان‌های تنش نفوذ کرده بودند. بیرون سرد بود و زمستان آخرین زورهایش را می‌زد اما آنچه باعث لرزش دست و بدن مادر شده بود، به سرما ربط نداشت. چرا از او خواسته بودند برگردد؟ دکتر پدر بسیار حاذق بود و جراحی‌های دشوار و پیچیده‌ی زیادی را در همان بیمارستان با موفقیت انجام داده بود. در مورد پدر هم همه چیز تا آن موقع خوب پیش رفته بود. پس چه شده؟ تا به بیمارستان برسد و بدود سمت اتاق پدر و در را باز کند، این فکرها صد بار در سرش چرخیدند. پدر در تب می‌سوخت و صورتش گُرگرفته و ملتهب بود. انگار نه انگار همان مردی باشد که چند ساعت پیش با او گفته بود و خندیده بود. به سختی نفس می‌کشید و نمی‌توانست حرف بزند.

مادر آرامش و وقار همیشگی‌اش را کنار گذاشته و دویده تا بخش پرستاری و فریاد زده و اعتراض کرده و خواسته بود که دکتر را ببیند.

تابلوی اول: وداع

لحن دکتر سنگین و جدی بود. لبخند نمی‌زد و از نگاه کردن مستقیم به چشم‌های مادرم پرهیز داشت.

«متأسفم. همسرتون به بیماری سپتیسمی مبتلا شده است.»

مادر هرگز نام این بیماری را نشنیده بود. و البته حق هم داشت چون در آن زمان دسترسی به اطلاعات به راحتی امروز نبود. اما بعد از آن اعضاء خانواده‌ام این نام را خوب به خاطر سپردند و درباره‌اش چیزهای زیادی خواندند و شنیدند. سال‌ها بعد در سفرم به کوبا به سپتیسمی مبتلا شدم و فهمیدم حتی در عصر ما هم رهایی از آن تا چه حد دشوار است. عفونتی که وارد خون می‌شود به سرعت در تمام بدن گسترش پیدا می‌کند و درمانش بسیار چالش‌برانگیز است.

مادرم در آن زمان فقط خواسته بود یک چیز را بداند.

«زنده می‌ماند؟»

و سکوت پزشک بدتر از هر پاسخی بر سر او هوار شده بود. چند لحظه‌ی سخت و نفس‌گیر گذشته بود تا بالاخره مادرم به خودش آمده بود و در مقابل چشمان حیرت‌زده‌ی دکتر ماتیکی سرخ از کیفش بیرون آورده بود، بعد آینه‌ای کوچک را و لب‌ها و گونه‌های رنگ‌پریده‌اش را سرخ کرده بود تا در آخرین ملاقات با پدر همان زن خواستنی همیشگی باشد؛ زنی سرسخت و مقاوم

که بدون آن مرد هم می‌توانست بچه‌هایش را بزرگ کند. بدون او هم می‌توانست تصمیم‌های دشوار بگیرد. می‌توانست؟

نفسی عمیق کشیده بود و برگشته بود به اتاق پدر. دست‌هایش را در دست گرفته بود و گفته بود: «تو باید پیش ما برگردی... خانه بدون تو بی‌روح است.» پدر لبخندی بی‌رمق زده بود و مادر که نخواسته بود سکوت حس مرگ و نیستی را به او تحمیل کند، خاطراتشان را مرور کرده بود.

«یادته زمانی که برای خواستگاری به منزل ما آمده بودین، من موقع چای آوردن پام به ریشه‌های قالی گیر کرد و داشتم می‌خوردم زمین؟ تو با سرعت پریدی و سینی چای رو ازم گرفتی. من از خجالت سرخ شده بودم. یادته من همیشه از زایمان تو بیمارستان می‌ترسیدم؟ چون فکر می‌کردم ممکنه بچّه‌م با بچّه دیگه‌ای عوض بشه و تو با خنده و شوخی سر به سرم می‌ذاشتی و در آخر موافقت می‌کردی که بچه‌ها رو تو خونه دنیا بیارم. یادته وقتی صلح به دنیا آمد، با اینکه اینجا بودیم و بعید بود بچه‌مون با یه بچه‌ی فرانسوی عوض بشه، ولی هر دومون انگار عادت کرده بودیم بچه‌هامون رو تو خونه‌ی امن خودمون دنیا بیاریم، با چه سرعتی دنبال قابله رفتی تا مبادا بچّه تو خشکی به دنیا بیاد؟»

تابلوی اول: وداع

پدر با لبخندی کمرنگ و فشار آرام دستش به مادر فهمانده بود که یادش است... همه را یادش است.

«یادته اون همه جاده و شهر رو که ازشون گذشتیم تا به اینجا برسیم تا لونه‌ی جدیدمون رو اینجا درست کنیم؟ صدای گریه‌ی صلح که بلند شد، قند تو دلت آب شده بود، چون بعد سه تا پسر دیگه واقعاً نوبت اومدن یه دختر کوچولو بود...»

بدن پدرم هر لحظه داغ‌تر و نفس‌هایش تندتر و نامنظم‌تر می‌شد. در آن شب بسیار طولانی و دیرپا و در اتاق سرد و بی‌روح بیمارستان، مادر همچنان با صدایی آرام که می‌کوشید دلگرم‌کننده باشد در گوش پدر زمزمه می‌کرد تا خوشی‌ها را به یادش بیاورد و او را از رفتن به دالان‌های تاریک مرگ پشیمان کند. اما رمق از دست‌های پدر رفته بود و مدتی بود خط‌های روی صفحه‌ی مونیتور صاف و بی‌ضربان مثل خطوط سفید وسط خیابان با سرعت می‌گذشتند و مادر نمی‌خواست باورشان کند. چند لحظه‌ای مات و پریشان مانده بود و با حیرت به حرکات شتابزده‌ی دکترها و پرستارها که برای احیا قلب پدر تلاش می‌کردند، نگاه کرده بود. وقتی دست از کار کشیده بودند و ناامید به هم نگاه کرده بودند، مادر سرانجام دریافته بود که پدر نه از زخم مزمن اثناعشر که از بیماری سپتیسمی این دنیا را ترک کرده است.

تابلوی اول: وداع

تابلوی دوم:

شعله‌های درد

زنی با سری فروافتاده و پشتی خمیده که آتش همچون پیراهنی زرد و نارنجی بر تنش پیچیده، درست در میانه‌ی تصویر است. پشت سر او به فاصله‌ای اندک، درختی تنومند بر زمین افتاده. درخت شاخه‌های خشک انبوه دارد و با رنگ‌های قهوه‌ای، خاکستری و سبزِ خزه‌ای رنگ‌آمیزی شده است. در بعضی از جاهای تنه‌ی درخت، جوانه‌ها و شاخه‌هایی تازه رشد کرده‌اند که با رنگ‌های سبز روشن، چمنی، لیمویی رنگ‌آمیزی شده‌اند. در پس‌زمینه، بیابانی با زمین خشک و ترک‌خورده دیده می‌شود و در بالای تابلو آسمانی آبی، بدون حتی لکه‌ای ابر نقاشی شده.

در یکی از نمایشگاه‌هایم شنیدم یک مدرس نقاشی برای شاگردانش درباره‌ی این نقاشی حرف می‌زد؛ از استواری زن می‌گفت و از جوانه‌هایی که از درخت خشکیده می‌رویند، از میل به زندگی حرف زد و زن و درخت را همچون روحی واحد تفسیر کرد.

بهار پاریس برای مادرم و ما همراه بود با بزرگ‌ترین تغییر زندگی‌مان؛ پدر را از دست داده بودیم. اما مانده بود تا ما از فقدانش آگاه بشویم. مادر فقط کاترین را در جریان گذاشته بود و به او گفته بود بچه‌ها فعلاً نباید چیزی بدانند. به پدر هم قول محکمی داده بود درباره‌ی مراقبت از آن‌ها. در آخرین دیدارش، به صورت آرام و بی‌جان پدر خیره شده بود و با صدایی لرزان گفته بود: «به تو قول می‌دهم، تا جان در بدن دارم، از بچه‌هایمان خوب مراقبت کنم. تو همیشه در قلب من خواهی ماند.» بعد در راهروی بیمارستان قدم زده بود و سعی کرده بود فکرهایش را جمع‌وجور کند و ببیند از کجا باید شروع کند. در مورد یک چیز مطمئن بود و آن هم بازگشت به ایران بود. آیا باید فوری به خانواده خبر می‌داد؟ احتمالاً در همان حالی که سرش پر از فکر و خیال بوده و دلش پر از غم و اندوه، کاغذبازی‌های

تابلوی دوم: شعله‌های درد

بیمارستان را انجام داده و تلاش کرده چهره‌اش را آرام کند و خودش را برساند به خانه.

کاترین به بچه‌ها شام داده بود و فرستاده بودشان به رختخواب.

«به صلح قندداغ دادم خانم، شیرخشک نداشتیم و خیلی گرسنه بود. کلی گریه کرد تا خوابش برد.»

مادرم بدون این‌که کلمه‌ای بر زبان بیاورد، صورت و دست‌هایش را شست، لباس‌هایش را عوض کرد و بعد به اتاق من آمد. مرا در آغوش گرفت و بهم شیر داد. نوازشم کرد و کوشید آرامشش را حفظ کند، اما اشک‌ها نرم و لغزان کار خود را می‌کردند. شاید از تاریکی و تنهایی‌اش در آن شب استفاده کرده بود تا بتواند پنهانی کمی گریه کند چون از فردا صبح دیگر زمانی برای عزاداری نداشت. باید جمع‌وجور می‌کرد و ما را به تهران برمی‌گرداند.

کاترین هم که از شنیدن خبر شوکه بود، زیر لب چیزهایی نامفهوم می‌گفت و نمی‌دانست برای دلداری دادن به مادرم چه کند. احتمالاً حتی در همان لحظات نگران اوضاع و احوال خودش هم بوده؛ نگران کارش و محل زندگی‌اش.

مادرم همان‌طور که من را در آغوش داشت، روی کاناپه خوابش برده بود تا وقتی که نور صبحگاهی از لای پرده‌ها روی صورتش افتاده بود و بیدارش کرده بود. بچه‌ها برای رفتن به مدرسه حاضر می‌شدند و کاترین ساندویچ‌های ناهارشان را آماده کرده بود. مادر با لبخندی خسته بدرقه‌شان کرده بود.

حالا فرصت داشت تا به فریده، دوست خانوادگی‌مان، زنگ بزند و با او حرف بزند. باید با کسی حرف می‌زد.

اما با شنیدن صدای فریده نتوانسته بود هیچ کلمه‌ای بر زبان بیاورد. کلمات در میان هق‌هق‌هایش گم شده بودند و فریده ناچار و با عجله خود را به خانه‌امان رسانده بود.

«بچه‌ها... بچه‌ها می‌دونن؟»

«نه... هنوز نه. نمی‌دونم چطور باید بهشون بگم. احتمالاً بهتره وقتی برگشتم تهران بهشون بگم... وقتی که مادرم و بقیه دور و ورمون باشن.»

«می‌خوایی برگردی تهران؟ بچه‌هات هنوز زیر سن قانونی‌ان و ممکنه حضانت بچه‌ها رو ازت بگیرن و اونا رو بِدن به پدربزرگشون. می‌دونی اینو؟»

مادرم لحظه‌ای سکوت کرد. نگاهش به زمین دوخته شده بود، امّا در درونش جنگی میان شک و اراده در جریان بود. از عواقب

برگشتنش خبر داشت و بسیار هم نگران بود. بچه‌ها، تهران، مشکلات قانونی... همه‌ی این‌ها همچنان در ذهنش جولان می‌دادند و لحظاتی او را تا مرز شکستن پیش می‌بردند، امّا به یاد صحبت‌های پدرم می‌افتاد که به او می‌گفت: «هیچ چیزی در دنیا نیست که ترا بشکند، مگر این‌که خودت اجازه بدهی.»

مادر رو به فریده گفته بود: «من اجازه نمی‌دهم.»

و فریده که احتمالاً نمی‌خواسته به نگرانی‌های او دامن بزند، دست مادرم را در دست گرفته و گفته بود روی او و شوهرش حساب کنند.

«می‌خوایی چند روزی سیما و سعید و مسعود رو بعد از مدرسه ببرم خونه تا تو به کارات برسی؟»

مادرم از این پیشنهاد استقبال کرد و قدردان همراهی فریده بود.

بایست به مدرسه‌ی بچه‌ها و اداره‌ی پدر سر می‌زد و ماجرا را اطلاع می‌داد. با پالتوی بلند مشکی و شال حریر سیاه در همان بدو ورودش به هر فضایی، سکوت حاکم می‌شد و حاضران منتظر شنیدن اخبار شوم به او خیره می‌شدند. مدیر مدرسه قول داد پرونده‌ی بچه‌ها را آماده کند و در این‌باره با آن‌ها حرفی نزنند. مدیر بخش منابع انسانی محل کار پدرهم با ناباوری به مادر نگاه کرده بود وقتی که مادر فوت پدر را به او خبر داده بود.

«تصمیم دارم به زادگاهم برگردم و جنازه رو با خود ببرم.»

«ما با کمال میل با شما همکاری خواهیم کرد و تمام هماهنگی‌ها مطابق خواسته‌ی شما انجام خواهد شد، اما مناسب خواهد بود اگر پیش از انتقال، مراسمی برای یادبود و تجلیل از آن مرحوم برگزار کنیم.»

مرد لحظه‌ای ساکت مانده بود و پرسیده بود: «کاری دیگه‌ای از دستمون برمی‌آد؟»

«آخرین فرزند من پنجاه روز پیش به دنیا آمده است. برای بردنش به تهران چه باید بکنم؟ فرصت نشده شناسنامه‌ی ایرانی براش بگیریم.» مرد مدارک فرانسوی تولد مرا از مادر گرفته بود و خیالش را راحت کرده بود که کارهای اداری این موضوع را نیز انجام خواهند داد.

مادرم که توانسته بود با وجود سوگواری دو کار مهم را در کمتر از بیست‌وچهار ساعت به انجام برساند، اعتمادبه‌نفس زیادی یافته بود و در مسیر بازگشت به خانه به فروش ماشین فکر کرده بود و به اینکه برای این کار از رضا، همسر فریده، کمک بگیرد.

بچّه‌ها با وجود اینکه احتمالا احساس کرده بودند چیزی در مادر و حتی کاترین تغییر کرده، اما مثل همیشه در خانه بازی کردند،

تابلوی دوم: شعله‌های درد

مشق نوشتند، شام خوردند و به رختخواب رفتند. مادر بی‌سر و صدا و آرام فهرست کارهایش را می‌نوشت؛ چیزهایی که باید با خود به تهران می‌بُرد، چیزهایی که باید فروخته یا بخشیده می‌شدند، مدارک بچه‌ها، سر و سامان دادن به اوضاع کاترین و...

ماشین خیلی زود به کمک رضا فروخته شد و چمدان‌ها برای بسته‌بندی وسایل از انباری بیرون آورده شدند. مادر بین وسیله‌های خانه راه می‌رفت، لمسشان می‌کرد و از هر کدام خاطره‌ای را به خاطر می‌آورد اما خیلی زود هم به خودش می‌آمد و سعی می‌کرد درگیر خاطرات نشود تا بتواند تصمیم بگیرد. چندین جعبه برای اهدای وسایل به خیریه کنار گذاشته بود و چیزهایی را هم برای کاترین کنار می‌گذاشت. با وجود تلاشش برای تمرکز بر کارها لمس هر شیء داغ دلش را تازه می‌کرد؛ ظرف‌هایی که در آن‌ها عاشقانه غذا درست کرده، لباس‌های پدر... کت‌وشلوار و کراواتی که برای رفتن به Place de l'Opéra تنش کرده بود، لباس حاملگی‌اش هم روزی را به خاطرش آورد که برای خریدنش با شکم برجسته همراه بچّه‌ها به گالری لافایت رفته بودند. برای سیما هم پیراهنی خریده بودند و برای سعید و مسعود لباس‌های یکسان. کیف چرم پدر... دستکش‌های او و دست‌های مهربانش وقتی که مجید را در آغوش گرفته بود و همگی رفته بودند به منطقه‌ی مون‌مارتر تا

هنرمندانی را که در حال نقاشی بودند، تماشا کنند و... بعد از همه‌ی این‌ها نگاه خسته‌ی پدر در روزهای پایانی زندگی‌اش، لحظه‌ای که دیگر به ماندن امید نداشت، اما در همان نگاه بی‌رمقش هم هنوز ردی از عشق برای مادر قابل درک بود. چرا تن داده بودند به جراحی؟ چرا نتوانسته بود منصرفش کند؟ کاترین با زمزمه گفته بود: «مرگ هم بخشی از زندگی است.»

«می‌دونم که زندگی همیشه مرگ رو به همراه داره، امّا این مرگ زود بود... خیلی زود. اون فقط چهل‌و دوسالش بود. خیلی زود بود...»

مادرم به تنهایی در مراسم بزرگداشت پدر شرکت کرد. در آن روزها زنی سی‌وسه‌ساله و بسیار زیبا بود که پیراهن تافته‌ی سیاه و دستکش‌های توری دست‌باف وقار و زیبایی‌اش را بیشتر نشان می‌دادند. چشم‌های مادرم روشن و درخشان بود و شال حریر و مشکی با خطوط طلایی، بازتاب درخشندگی اشک را در چشم‌هایش تشدید می‌کرد.

هنگام ورودش به مراسم، دوستان و همکاران، به احترام او از جایشان بلند شدند و با صدای آرام و زیر لب تسلیت گفتند و کمی بعد همگی در حیاط، مقابل تابوتی با در گشوده جمع شدند. پدر در کفنی سفید به خواب ابدی فرو رفته بود. صدای

سرود ملی ایران در فضا پیچید و اشک بسیاری بر گونه‌هایشان جاری شد. سخنران با لحنی محزون از زندگی پربار پدر حرف زد و از همسر و فرزندانش و از نوزادی که هرگز فرصت گفتن «بابا» را نیافته بود.

شاید اولین جرقه‌ی این تصمیم مادر که مرگ پدرم را تا مدت‌ها از من پنهان کند، همین جا در ذهنش خورده بود. احتمالاً همین دلسوزی‌ها و ترحم‌ها نسبت به نوازدی که فرصت گفتن کلمه‌ی «بابا» را نیافته، سوقش داده به سمت تصمیمی که بعدها در زندگی‌ام نقش مهمی بازی کرد؛ این‌که هیچ‌کس درباره‌ی مرگ پدر چیزی به من نگوید و این‌که پدری خیالی برایم بسازد که در پاریس کار می‌کند و بالاخره روزی برای دیدارمان به تهران خواهد آمد.

اما آن روز در آن مراسم بزرگداشت، پدر واقعی من آن‌جا خوابیده بود و مادرم برای آخرین بار آراسته و خوش‌پوش در میان جمع حاضر شد. بعد از آن و بخصوص بعد از بازگشت به ایران، با این‌که هنوز انقلاب نشده بود، همیشه با روسری و مانتو از خانه بیرون می‌رفت و لب‌هایش دیگر رنگ ماتیک سرخ را به خود ندید. بخشی از وجود مادر در سردخانه‌ی بیمارستانی در پاریس جا ماند و آن‌که در فرودگاه اورلی پاریس سوار هواپیما شد تا به تهران برگردد، با زنی که دو سال پیش تهران را ترک کرده بود، زمین تا آسمان تفاوت داشت.

رنگ و راز

در طول چند ساعت پروازمان تا تهران، فکرهای زیادی در سر مادر دور می‌زد. من در آغوشش بودم و چهارتای دیگرمان شاد از اولین تجربه‌ی پروازشان، ورجه وورجه می‌کردند و می‌خندیدند.

مادر به دیدار با پدر همسرش فکر می‌کرد و تنش می‌لرزید از این فکر که باید قاصد بدترین خبر عمر پیرمرد باشد. به این فکر می‌کرد که آیا به تنهایی از پس بزرگ کردن فرزندانش برمی‌آید؟ آیا مادرش حاضر می‌شود برود و با آن‌ها زندگی کند؟

بعد برای این‌که خودش را دلداری دهد، به کارهایی فکر کرد که در عرض یکی، دو هفته در پاریس سر و سامانشان داده بود؛ اجاره‌خانه فسخ شد، ماشین فروخته شد، وسایل خانه به بنگاه خیریه بخشیده شد و برای کاترین هم پولی را کنار گذاشته بود تا با خیال راحت بگردد و کاری دیگری پیدا کند.

من چیزی از رسیدنمان به مهرآباد را به خاطر ندارم، دقیق‌تر بخواهم بگویم هیچ‌کدام از این چیزها را به خاطر ندارم، اما آن‌قدر به این لحظه‌ها فکر کرده‌ام که گاهی واقعاً خیال می‌کنم همه چیز را با چشم خود دیده‌ام؛ مثلاً این را که سیما دست

تابلوی دوم: شعله‌های درد

مجید را گرفته باشد و به سعید و مسعود هم دائم تذکر داده باشد که حواسشان را جمع کنند و یا این را که مادر در حالی‌که مرا در آغوش دارد، تلاش می‌کند چمدان‌ها را از روی نقاله بردارد. البته بیشتر فکر می‌کنم مادر خودش را سرگرم چمدان‌ها نشان می‌داده تا نگاهش نیفتد به آن‌هایی که پشت شیشه منتظر ورودمان بودند. حتی زمانی که پدربزرگ مرا در آغوش گرفت باز هم مادر از نگاه کردن به چشمان او طفره رفته بود و شاید همین باعث شده بود پدربزرگ بپرسد: «چی شده؟ چرا تنهایید؟» مادر زیر لب گفته بود: «فعلاً فقط ما اومدیم.» پدربزرگ قانع نشده بود اما از چهره‌ی مادر فهمیده بود باید فعلاً به همین پاسخ کوتاه قانع بماند تا فرصت مناسب. مرا بوسیده بود و خواسته بود نامم را بداند، اما بی‌توجه به پاسخ مادرم، مرا «حبیبه» نامید و تا پایان عمرش حبیبه صدایم کرد.

بعد دست سعید و مسعود و سیما را گرفته بود و برده بودشان سمت تاکسی‌ای که بیرون نگه داشته بود. چمدان‌ها را در صندوق عقب جا دادند و کمک کردند مادرم و من همراه مادربزرگ و مجید و بقیه‌ی وسایل در تاکسی دیگری جاگیر بشویم و دنبالشان راه بیفتیم.

مادربزرگ از فرصت تنهایی‌اش با مادر استفاده کرده بود و پرسیده بود: «چرا شوهرت با شما نیومده؟» مادر که تا آن موقع بغضش را فرو خورده بود، دیگر جلوی خودش را نگرفته و

اجازه داده بود تا اشک‌هایش جاری شوند و با صدایی لرزان گفته بود: «بچه‌هام بی‌پدر شدن.»

مجید آن‌قدر کوچک و خسته بوده که بی‌توجه به این مکالمه به مادر تکیه داده بود و چرت می‌زد و من در آغوش مادربزرگ بودم وقتی جمله‌ی مادر بر سرش آوار شد. لحظاتی طولانی سکوت حاکم شد و جز صدای نفس‌نفس و بالا کشیدن بینی صدایی نیامد تا بالاخره مادربزرگ عزمش را جزم کرده بود و گفته بود: «پیشت می‌آم و با هم بچه‌ها رو بزرگ می‌کنیم.»

مادر با آرامش سر تکان داده بود و مادربزرگ پرسیده بود: «به پدرش کِی می‌گی؟»

«در اولین فرصتی که بچه‌ها دورمون نباشن.»

مادربزرگ خودش هم شوهرش را در جوانی از دست داده بود. شاید آن موقع یاد تمام سختی‌هایی افتاده بود که بعد از همسرش به تنهایی تحمل کرده بود تا دو دخترش را با دست خالی بزرگ کند. در تمام دوران جوانی‌اش برای تأمین مایحتاج زندگی‌اش خیاطی کرده بود و حالا هم خوب می‌دانست که دخترش با پنج بچه چه مسیر دشواری را در پیش رو دارد. بعدها برای مادر تعریف کرده بود که همان‌جا با خودش عهد بسته تا وقتی زنده است در کنار دخترش و نوه‌هایش بماند.

تابلوی دوم: شعله‌های درد

تاکسی‌ها جلوی خانه‌ی عمه و پدربزرگ متوقف شدند و همه کمک کردند تا بارها و بچه‌ها را ببرند داخل. پدربزرگ رنگ به چهره نداشت و نگاه پر از سوالش دائم به مادر دوخته می‌شد تا بلکه چیزی دستگیرش شود. مادر همچنان که مرا در آغوش داشت، در گوشه‌ای دور از چشم دیگران بالاخره به چشمان پدربزرگ نگاه کرد و همه چیز را گفت؛ بیماری را، جراحی را و آن چند روز دشوار را که تا آن موقع پشت سر گذاشته بود. این را هم گفت که بچه‌ها هنوز چیزی نمی‌دانند.

تصور این برایم بسیار دشوار است که پدربزرگ در آن لحظه چه حسی داشته و چه گفته و چطوری توانسته کل ماجرا را بشنود و روی پا بماند. مادر می‌گفت با چشمانی غرق اشک مرا در آغوش کشیده و گفته: «حبیبه چقدر شبیه پدرش است... همان نگاه، همان چشمان درشت سبزرنگ.»

بعد از عزاداری کوچک دونفره‌شان پدربزرگ به مادرم و چهره‌ی رنگ‌پریده‌اش نگاه کرده بوده و تازه یادش آمده این زن چندین روز است بار مصیب را تنها به دوش کشیده و حالا خودش را رسانده به اینجا، پیش کسانی که باید دستش را بگیرند و تنها رهایش نکنند.

«خیلی خسته‌ای... برو کمی استراحت کن، فردا روز سختی پیش رو داریم. امّا یادت باشه، تنها نیستی. من، عمه و مادرت کنارت

هستیم و از این به بعد هر اتفاقی بیفتد، با هم از پسش برمی‌آییم. امشب بذار بچه‌ها استراحت کنن و بخوابن، فردا موضوع رو بهشون بگو.»

عمه، خواهرِ پدربزرگ بود و از زمانی که پدربزرگ همسرش را از دست داده بود، آمده بود و با آن‌ها زندگی می‌کرد. پدربزرگ، بعد از فوت همسرش دیگر تجدید فراش نکرد. وقتی پدر و مادرم با هم ازدواج کردند، بهشان گفته بود اگر مایلند جدا زندگی کنند، اما مادرم که به خوبی از علاقه‌ی عمیق آن‌ها نسبت به هم آگاه بود، خواسته بود پیششان بماند و همه با هم در یک خانه زندگی کنند، تا موقعی که همراه پدرم راهی پاریس شده و حالا بدون او بازگشته بود.

فردای رسیدنشان به تهران در موقعیتی که مادر احساس کرده بود، بر خودش تسلط بیشتری دارد، بچه‌ها را صدا زده بود و گفته بود باید در مورد موضع مهمی با آن‌ها صبحت کند. اگر چهره‌ی مادر آن همه گرفته و پریشان نبود، این حرف هیجان‌انگیز به نظر می‌رسید و بچه‌ها با اشتیاق منتظر می‌ماندند تا ببینند مادر چه برنامه‌ی جالبی برایشان تدارک دیده، اما در آن موقعیت حتی مسعود هم فهمیده بود که نباید منتظر حرفی خوشایند باشد، پس با نگاه‌های معصوم و نگران به دهان مادر چشم دوخته بودند.

خبر کوتاه بود و نافهمیدنی. مدتی گیج بودند تا بالاخره صدای شیون سیما همه را از گیجی درآورد. سیما چنگ زده بود به موهای مادر و او را متهم کرده بود به این‌که فریبشان داده، خشمش را فریاد زده بود و آن‌قدر در آغوش مادر تقلاء کرده بود تا بالاخره بی‌توش و توان و انرژی در گوشه‌ای در خود مچاله شده بود و نالیده بود: «حالا من بدون بابا چه‌کار کنم؟»

مادربزرگ سیما را در آغوش کشیده بود و مادر رفته بود سمت سعید که بی‌صدا اشک می‌ریخت. مجید و مسعود را هم صدا زده بود و هر سه را بغل کرده بود و با صدایی آرام گفته بود: «پدر همیشه دلش می‌خواست شما شاد زندگی کنین، بازی کنین، درس‌هاتون رو خوب بخونین و هوای هم رو داشته باشین...» سیما فریاد زده بود: «چطو می‌تونیم شاد باشیم وقتی بابا دیگه کنارما نیست؟»

من احتمالا آن موقع در آغوش عمه یا پدربزرگ بوده‌ام، دور از همه‌ی این عوالم و بی‌خبر از خبری که آن‌طور آوار شده بود بر سر سیما و برادرانم و گاهی به این فکر می‌کنم که آیا مادر در میان آن همه کار و وظیفه، هرگز فرصت کرد درست و حسابی عزاداری کند؟ مادر که دائم مجبور بود تکیه‌گاه باشد و حواسش به همه‌چیز و همه‌کس باشد، هیچ‌وقت بعد از پدر توانست به کسی تکیه کند و به حال خود رها شود تا بی‌دغدغه گریه کند؟ وظیفه‌ی سنگین مادری کردن برای بچه‌های قد و نیم‌قد و

درآوردن آن‌ها از آب و گل، نه به خودش و نه به دیگران اجازه نمی‌داد به او به عنوان موجودی ضعیف و شکننده و نیازمند حمایت، توجه شود.

حالا گاهی در عالم خیال وقتی این صحنه‌ها را تجسم می‌کنم، با همین سن و سال حالایم، در هیبت زنی هفتادساله، می‌روم و مادرم را در آغوش می‌کشم؛ او سعید و مسعود و مجید را بغل کرده و من او را بغل می‌کنم، موهایش را نوازش می‌کنم، می‌بوسمش و در گوشش زمزمه می‌کنم: «برو گوشه‌ای خلوت پیدا کن و کمی به حال خودت باش، فارغ از بچه‌ها، فارغ از فکر فردا و همه‌ی دل‌نگرانی‌ها.»

گاهی خیال می‌کنم لبخندی کم‌رنگ بر لب‌های مادر می‌نشیند، شانه‌هایش از حالت انقباض آزاد می‌شوند و می‌خواهد خود را رها کند که صدای هق‌هق سیما دوباره برش می‌گرداند به همان‌جایی که بوده. خیال می‌کنم خود را از میان دست‌های من بیرون می‌کشد و با قیافه‌ای که تلاش می‌کند آرام باشد به بچه‌ها می‌گوید: «چرا چمدونا رو باز نمی‌کنین تا وسایلتون رو به آقابزرگ و عمه و مادربزرگ نشون بدید؟» احتمالاً لبخند مادر به بچه‌ها قوت قلب می‌دهد. احتمالاً کوچک‌ترها با فکر اسباب‌بازی‌هایی که از چمدان‌ها بیرون آورده می‌شوند، حال و هوایشان عوض می‌شود.

مادربزرگ حین کمک برای باز کردن چمدان‌ها به مادر گفته بود که فکرهایش را کرده و می‌آید که با آن‌ها زندگی کند. او مثل خواهر و برادرهایم همیشه مادرم را «مامان» صدا می‌زد.

«مامان من می‌آم و برای بزرگ کردن بچه‌ها کمکت می‌کنم، اما می‌خوام یه گوشه‌ی مستقل برای خودم داشته باشم.»

مادرم قدردان از همراهی او خیالش را راحت کرده بود که اتاق ته حیاط را سر و سامان خواهد داد تا مادربزرگ فضای خودش را داشته باشد و بتواند مثل قبل به کار خیاطی‌اش ادامه دهد تا استقلال مالی‌اش هم حفظ شود.

«می‌دونم داری از جون و دل برای کمک به ما فداکاری می‌کنی و می‌دونم دل کندن از خونه‌ت برات آسون نیست، اما چاره‌ی دیگه‌ای به ذهنم نمی‌رسه.»

در روزهای آینده و با رسیدن جنازه‌ی پدر به تهران، عزاداری از گوشه‌ی دنج خانه به فضای عمومی و گورستان منتقل شد؛ پوشیدن لباس‌های رسمی مشکی، گوش دادن به تسلیت‌های مودبانه‌ی آدم‌ها، نگاه کردن به حمل و نقل جنازه، دسته‌گل‌های بزرگ و دیدن اتومبیل‌هایی که در جاده‌ی قدیم به سمت قم در

حرکت بودند، برای صاحبان عزا تسلی‌بخش است و به آن‌ها یادآوری می‌کند که مرگ جزیی تفکیک‌ناپذیر از زندگی است.

پدربزرگ خواسته بود که پدر در آرامگاهی در قم دفن شود، با وجود این‌که گورستان‌هایی مثل ابن‌بابویه و امامزاده عبدالله به تهران نزدیک‌تر بودند و مادرم راحت‌تر می‌توانست به آن‌ها رفت‌وآمد کند، اما روی حرف پدربزرگ حرفی نزده بود.

شاید دیدن قاطعیت پدربزرگ در تصمیمش برای محل دفن پدر، مادر را یاد دل‌نگرانی فریده در پاریس انداخته بود در مورد گرفتن حضانت بچه‌ها. شاید مادر لحظه‌ای تردید کرده بود در مورد درستی تصمیمش و برگشتنش به ایران. در روزهای بعد و با مطرح شدن حرف‌هایی در مورد تعیین تکلیف وضعیت اموال پدر و سرپرستی بچه‌ها، مادر با بیم و امید به پدربزرگ چشم دوخته بود تا ببیند چه تصمیمی خواهد گرفت. وقتی یکی از کارمندهای اداره‌ی امور سرپرستی رو به پدربزرگ قوانین را توضیح می‌داد و حق و حقوق او را برای کنترل و مدیریت همه چیز، یادآوری می‌کرد و از صغیر بودن فرزندان حرف می‌زد و ناقص بودن عقل زنان، پدربزرگ میان حرفش پریده بود و گفته بود: « به نظر من، هیچ‌کس به اندازه‌ی مادر شایستگی و توانایی نگهداری از فرزندانش و مدیریت امور مالی اونا رو نداره. در این مورد، اگر لازم باشه، متنی رو می‌نویسم و امضاء می‌کنم که در اون اعلام بشه از این پس، هیچ گونه حقی در حضانت و

تابلوی دوم: شعله‌های درد

مدیریت امور مالی نوه‌هایم نخواهم داشت و همه‌ی این حقوق به عروسم منتقل خواهد شد.»

پدربزرگ بیشتر از چهارده سال با پدر و مادر زندگی کرده بود و توانایی‌های مادرم را به‌خوبی می‌شناخت. با این حال، در آن زمان و حتی حالا هم این نوع تفکر چندان رایج نبوده. در جوامعی که قوانین بر اساس نگاه مردسالارانه نوشته شده‌اند و عرف هم آن‌ها را تأیید می‌کند، تصمیم پدربزرگ نه تصمیمی منطقی و بجا که عملی فداکارانه محسوب می‌شود؛ این‌که او از حق و حقوق خودش گذشته و دست مادر را در اداره‌ی امور مالی و امور مربوط به فرزندانش باز گذاشته، برای دوره‌ی آن‌ها تفکری بسیار پیشروتر از زمانه‌اشان محسوب می‌شده. در دوره‌ای که زنان نه تنها در تصمیم‌گیری‌ها نادیده گرفته می‌شدند، بلکه اغلب به‌عنوان موجوداتی ناقص‌العقل و ناتوان در حل مسائل مهم تلقّی می‌شدند. تصمیم‌گیری در هر موضوعی، از مسائل کوچک خانوادگی گرفته تا موضوعات بزرگ‌تر، کاملاً در اختیار مردان بود و عرف‌های حاکم بر جامعه هم این نگرش را تأیید و تثبیت می‌کردند. البته که گفتنی است قوانین در جامعه‌مان هنوز تغییر چندانی نکرده‌اند، اما زن‌ها به حق و حقوق خوشان آگاه شده‌اند و جامعه هم مثل گذشته، کوتاه بودن دست زن را در انتخاب و تصمیم‌گیری بدیهی نمی‌داند.

رنگ و راز

بعد از برقرار شدن آرامش نسبی بر زندگی و مستقر شدن مادر و مادربزرگ و بچه‌ها در خانه، نظمی روزانه بر زندگی‌امان حاکم شد؛ مادر هر روز صبح من و مجید را به مادربزرگ می‌سپرد و سه تای دیگر را به مدرسه می‌برد. میز خیاطی مادربزرگ در گوشه‌ای از اتاقش جاگیر شده بود و در مواقعی که مشغول دوخت و دوز بود اغلب می‌شنیدم که اشعاری را زیر لب می‌خواند و آرام اشک می‌ریخت. من هم کم‌کم راه افتاده بودم و بیشتر زمانم را در اتاق او می‌گذراندم. یاد گرفته بودم با شیرین‌زبانی مادربزرگ را بخندانم. هر چه بزرگ‌تر می‌شدم، داستان‌های عجیب و غریب بیشتری را به هم می‌بافتم و کاری می‌کردم که صدای قهقهه‌اش به هوا برود. گاهی ازم می‌پرسید: «حالا این‌هایی که گفتی، راست بود یا از خودت ساخته بودی؟» و من هم با خنده جواب می‌دادم: «نه بابا، همه‌اش الکی بود!»

مادربزرگ زنی دانا و دنیادیده بود. سواد فارسی و قرآنی را در مکتب‌خانه‌ی دایی‌اش آموخته بود و عاشق خواندن بود. روزنامه‌ها را با شور و شوق ورق می‌زد و هر کلمه‌اش را با دقت می‌خواند، حتی آگهی‌های کاریابی را! گاهی بچه‌های بزرگ‌تر سربه‌سرش می‌گذاشتند و از او می‌پرسیدند: «بالاخره کار پیدا کردی؟» و او از بالای عینک ذره‌بینی‌اش نگاهشان می‌کرد و می‌خندید. نگران جثه‌ی کوچک من بود و گمان می‌کرد علت ریزنقش بودنم این است که به قدر کافی شیر نخورده‌ام. به مادرم

تابلوی دوم: شعله‌های درد

گفته بود باید هر روز عصاره‌ی یک گنجشک پخته‌شده را به من بخوراند تا بدن ضعیفم قوی شود و این همه ریزه‌میزه نمانم. مادرم هم با دقّت و عشق این عصاره‌ی پر از کلسیم و پروتئین را به خوردم می‌داد و بعدها هر وقت پرحرفی می‌کردم می‌گفتند به خاطر همان گنجشک‌هایی است که در زمان نوزادی خورده است. می‌گفتند: «مثل همان گنجشک‌ها مدام جیک‌جیک می‌کنی.»

اتاق عمه و رفتنم پیش او هم حکایت خودش را داشت؛ عمه روی سینی برنجی ضرب می‌گرفت و تشویقم می‌کرد که برقصم. گاهی هم با کاغذ آدمک‌هایی درست می‌کرد و روی سینی می‌گذاشت تا با هر ضربه، به رقص بیفتند و من از دیدن رقص آن آدمک‌های کاغذی به خنده می‌افتادم و از او می‌خواستم بارها و بارها این کار را تکرار کند. هنوز بعد از این همه سال، آن لحظات ساده و بی‌تکلف، آن خوشی‌های کودکانه و حس خوبی که در فضا موج می‌زد، گرمایش را در قلبم حفظ کرده است.

آن خانه‌ی حیاط‌دار بزرگ با اتاق‌هایی که عزیزترین کسانم در آن مستقر بودند هنوز هم در سرم امن‌ترین جای دنیاست. هر بار که گم می‌شدم و مادرم دنبالم می‌گشت، یا پیش عمه و پدربزرگ بودم یا در اتاق مادربزرگ. گاهی فکر می‌کنم آن خانه و حضور آن آدم‌ها در اطرافمان به من و خواهر و برادرهایم حس امنیتی را داده که تا امروز هم با ماست. حالا هر چهار نفر آن‌ها از این دنیا

رفته‌اند؛ مادر، مادربزرگ، عمه و پدربزرگ، اما در سر من آن خانه با حیاط بزرگش، حوضش و درخت‌های توت، خرمالو و مو هنوز هم وجود دارد. هنوز با پاهای کوچک در راهروهایش می‌دوم و پیش پدربزرگ می‌روم تا از او آب‌نبات و شکرپنیر بگیرم. گاهی صدای مادرم را می‌شنوم که می‌گوید:«ترا به خدا، این‌قدر به این بچه آب‌نبات ندید، دندوناش خراب می‌شن.» و بعد صدای کودکانه‌ای را می‌شنوم که می‌گوید: «آق‌قا، آن نَنات بده!» و پدربزرگ را می‌بینم که در برابر ناز و عشوه‌ی کودکانه‌ام تسلیم می‌شود و خروس‌قندی همیشگی را در دستانم می‌گذارد. حالا که به این سن رسیده‌ام و می‌دانم داشتن لحظات شیرین و ساده، زندگی‌امان را معنادار می‌کند و گذران عمر را راحت، می‌فهمم که چرا آن لحظات شیرین‌ترین اوقات کودکی‌ام را ساخته‌اند. هر بار که خروس‌قندی را می‌لیسیدم، لب‌هایم رنگی می‌شد و ذوق می‌کردم و البته که این لذت بی‌پایان، بدون عواقب هم نبود؛ در پنج‌سالگی تمام دندان‌های جلویی‌ام یا شکسته بودند یا کاملاً افتاده بودند.

حتی در بزرگسالی هم گاهی در راهروهای خانه صدای دست زدن می‌شنیدم، همراه شعری که بچه‌ها می‌خواندند:

«حبیبه بی‌دندون، رفت سر قندون،

اومد قند برداره، افتاد تو قندون!

تابلوی دوم: شعله‌های درد

انبر بیاریم، درش بیاریم!»

از این شعر بیزار بودم و هر بار اشکم را درمی‌آورد. صدای مادر کمی آرامم می‌کرد.

«این‌قدر سربه‌سر این بچه نذارین! چه گناهی کرده که از همه‌تون کوچک‌تره!»

شاید آن خانه از همان ابتدا مختصات جهان مرا ساخت؛ جهانی که در آن مرگ هست، زندگی هست، غم و شادی هم هست و این چرخه همچون شب و روز می‌گردد و پذیرشش باعث می‌شود، آرام بگیری. هر چند آن موقع هنوز نمی‌دانستم پدر هم درگذشته اما حتی آگاهی به آن هم در سال‌های آینده، بخشی از همین چرخه‌ی طبیعت خواهد بود، بخشی از چیزی که از اراده‌ی ما خارج است.

عمه و پدربزرگ به فاصله‌ی کمی از هم فوت کردند. صبح روزی که پدربزرگ از دنیا رفت، مادرم، من و مجید را به خانه‌ی یکی از همسایه‌ها فرستاد. در میان خنده و بازی با بچّه‌های همسایه متوجّه شدم که مجید غیبش زده. طول کشید تا دوباره سروکله‌اش پیدا شود. ازش پرسیدم: «کجا رفته بودی؟»

رنگ و راز

«رفتم خونه ببینم چه خبره؟ چون مامان ما رو هیچ‌وقت صبح به این زودی جایی نمی‌فرستاد.»

«خب؟ فهمیدی چه خبره؟»

«خونه خیلی شلوغه. پر از آدمه. بدون این‌که کسی منو ببینه رفتم داخل. توی اتاق بزرگه دور تا دور صندلی چیده‌ن، منم زیر یکی از صندلی‌ها قایم شدم. دیدم آقابزرگ رو قنداق کردن و گذاشتنش وسط اتاق و همه دارن گریه می‌کنن.»

«چرا؟»

«نمی‌دونم.»

شب که به خانه برگشتیم، حقیقت تلخ را فهمیدیم؛ پدربزرگ مرده بود. درک معنای مرگ برای بچه‌ها کار آسانی نیست، بچه‌ها همیشه در زمان حال زندگی می‌کنند و حتی آگاهی‌اشان در مورد بزرگ‌ترین مصیبت‌ها نمی‌تواند مانع بازگشتشان به بازی و شادمانی کودکانه بشود. با این حال آن روز مرگ برای من پیوند خورد با ندیدن پدربزرگ و از دست دادن تمام خروس‌قندی‌های جهان.

با رفتن پدربزرگ، لقب «حبیبه» هم برای همیشه از زبان‌ها افتاد و بعد از آن دیگر همه مرا با نام واقعی‌ام، «صلح» صدا کردند.

تابلوی دوم: شعله‌های درد

این تغییر برای من نشانه‌ای از گذر زمان و تغییرات عمیقی بود که در خانواده‌ام اتفاق می‌افتاد.

فصل‌ها از پی هم می‌رفتند و می‌آمدند و من بزرگ می‌شدم، مناسباتم با خانواده تغییر می‌کرد، شکل و شمایل خانه هم دستخوش تغییر می‌شد؛ پیچک امین‌الدوله‌ی حیاطمان که در زمستان چند شاخه‌ی خشک بود، در بهار پر از گل می‌شد و بوی خوشش خانه را پر می‌کرد. دامنم را پر می‌کردم از گل‌های زرد و سفیدش و با نخ و سوزن برای مادرم گردن‌بند می‌ساختم. او همیشه با خوشحالی گردن‌بند را به گردن می‌آویخت و حتی وقتی گل‌ها پژمرده می‌شدند، آن‌ها را دور نمی‌انداخت و در نعلبکی کوچکی روی پیشخوان آشپزخانه خشکشان می‌کرد.

دور تا دور حوض بزرگ وسط حیاط گلدان‌های شمعدانی رنگارنگ چیده شده بود. همان حوض که تابستان‌ها محل تفریح و آب‌تنی ما بود و لبخند به لب مادر می‌آورد، در یکی از تابستان‌ها چهره عوض کرد و خصم مادر شد.

تابلوی سوم:

افلیا

زنی با موهای بلند و پریشان روی سطح آب دراز کشیده و چشمانش رو به آسمان باز مانده‌اند. اطرافش پر از درختچه‌های سبز و گل‌های سفید است و روی پیراهن سفید پفدارش گل‌های رنگارنگ پخش‌وپلا شده‌اند. زن که دست‌هایش را به دو طرف گشوده، با صورتی سفید و رنگ‌پریده و دهانی نیمه‌باز انگار هنوز هم از مردنش در حیرت است.

نقاشی «جان اورست میله» توصیفی دقیق از سودی، دوست کودکی‌ام، نیست. اما هر بار سودی را به یاد می‌آورم، ابتدا افلیا به یادم می‌آید و بعد آن‌چه را که چشمانم در پنج سالگی‌ام قاب گرفتند:

سودی با موهای مشکی و لباس گل‌گلی، دمر روی آب حوض خوابیده و دست‌هایش به دو طرف بدنش کشیده شده‌اند. برخلاف لباس افلیا، لباس سودی پف کرده و انگار در میان امواج ضعیف آب می‌رقصد. موهای بلندش مانند تارهایی ظریف اطراف بدنش پخش شده‌اند و انعکاس رنگ آبی آسمان

و سفیدی ابرها در آب حوض، ممکن است لحظه‌ای باعث شود خیال کنیم سودی در آسمان در حال پرواز است.

بنّا به دستور مادر، دور حوض را آجر چید. هر ردیف که تمام می‌شد، یک لایه‌ی نازک سیمان روی آن می‌کشید تا زیباتر به نظر بیاید امّا مادر قانع نمی‌شد و از او می‌خواست ردیف بعدی را شروع کند. دیوار دور حوض آن‌قدر بالا رفت که دیگر به سختی می‌شد رنگ آبی‌اش را دید.

در آن تابستان از آب‌تنی خبری نبود و طبق قراری ناگفته کسی حتی به حوض و آب‌بازی هم اشاره نمی‌کرد، چون سودی مرده بود. خودم دیده بودمش که روی آب خوابیده. اگر جیغ بزرگ‌ترها نبود و دست‌هایی که زیر تنه‌ی سودی رفت و او را بالا کشید، گمان می‌کردم خوابیده است. اما گردنی که سنگین افتاده بود به پشت و جیغ زن‌ها و شیونشان نمی‌گذاشت دچار سوتفاهم شوی.

چند دقیقه قبل‌تر توی حیاط عروسک‌هایم را چیده بودم روی قالیچه‌ای کوچک و مشغول بازی بودم. مادر و مادربزرگ در گوشه‌ی حیاط با پنبه‌زن حرف می‌زدند و پنبه‌زن حین جواب دادن، چوبش را بالا می‌بُرد و با صدایی سوت‌مانند می‌کوبیدش به کوه پنبه‌ها. من دوست داشتم بدوم و میانشان راه بروم اما منعم کرده بودند و گفته بودند سرم گرم عروسک‌هایم باشم.

وقتی صدای جیغ از حیاط بغلی، با صدای شلاقیِ چوب پنبه‌زن قاطی شد، مادربزرگ اشاره کرد که دست نگه دارد تا بهتر بشنود. با تکرار صداها مادرم با عجله به سمت در دوید و مادربزرگ چادر گلدارش را سر کرد و با دمپایی‌های لنگه‌به‌لنگه دنبالش از حیاط بیرون زد. من هم دویدم سمت پله‌ها و خودم را رساندم به طبقه‌ی دوم. با زحمت صندلی را کشاندم زیر پنجره و از آن بالا رفتم تا حیاط همسایه را ببینم. اول خیال کردم سودی دارد شنا می‌کند، آن هم با لباس. بعد دو دست قوی رفت زیر تنه‌اش و او را بیرون کشید. آب از موهایش و لباسش می‌چکید و گردنش سنگین به پشت افتاده بود. روی صندلی نشستم و مدتی توان تکان خوردن نداشتم تا وقتی صدای مجید را شنیدم که دنبالم می‌گشت و صدایم می‌کرد. صندلی را برگرداندم سر جایش و برگشتم به حیاط. مجید گویی از دیدن قیافه‌ام جا خورده باشد، می‌پرسید چه شده و چه دیده‌ام. زبانم سنگین شده بود و نمی‌توانستم حرف بزنم. یادم نیست چه مدت اما مدتی طول

تابلوی سوم: افلیا

کشید تا زبانم بچرخد و بتوانم حرفی بزنم اما آن موقع دیگر مجید خودش همه چیز را فهمیده بود.

حتی حالا هم گاهی که در استخر مشغول شنا هستم، با یادآوری تصویر سودی، تعادلم از دست می‌رود و دست و پایم سنگین و بی‌حرکت می‌شود و طوری کشیده می‌شوم زیر آب انگار سنگی به پایم بسته باشند.

حوض زیبای وسط حیاط با دیواری سیمانی پوشانده شد. آن دیوار خاکستری و سخت و نفوذناپذیر شاید وجهی از مادر باشد، وجهی از او که سینه سپر می‌کرد و خودش را میان ما و ناملایمات جهان حائل می‌کرد، وجهی که گاهی حتی تردیدبرانگیز به نظر می‌رسد؛ من هنوز هم نمی‌دانستم پدرم درگذشته. هنوز خیال می‌کردم پدر در جایی دور کار می‌کند و یک روز به دیدارمان خواهد آمد. هنوز مانده بود تا دنیا بر سرم آوار شود. هنوز آن‌قدر کوچک بودم که مادرم می‌توانست حقایق دور و برم را تغییر دهد و کاری کند تا تصاویر غمناک کمرنگ شوند، با این وجود تصویر سودی در ذهن من ماند و در جایی از عضلات تنم رسوخ کرد تا گاهی سنگین شوند و مرا بکشانند به اعماق آب‌ها.

مادر تمام همتش را به کار می‌بست؛ آستین بالا می‌زد، دستور می‌داد، عرق می‌ریخت وهمه‌ی خلاقیتش را احضار می‌کرد تا

رنگ و راز

جهان ما رنگی‌رنگی بشود و آن ابر غمناک سایه‌اش را از سرمان کوتاه کند. مثلاً یک بار صدها تشتک نوشابه را به مسعود و مجید داده بود تا با میخ و چکش به جانشان بیفتند. اول حسابی صافشان کنند و سمباده‌شان بزنند تا لبه‌هایشان نرم بشود و بعد سوراخشان کنند تا مادر بتواند نوارهای رنگی را از سوراخ‌ها رد کند، به هم وصلشان کند و دامنی رنگارنگ و پر صدا درست کند برای رقصیدن من. دامن را که پوشیدم صدای جیرینگ‌جیرینگ تشتک‌ها در گوشم پیچید و غرق شادی شدم. صدای جرینگ‌جرینگ تشتک‌ها و آن دیوار خاکستری دور حوض، حفاظی امن دورمان درست می‌کرد. فقط هم این‌ها نبود؛ از یک جایی به بعد احساس کرد باید کلاً محله‌مان را عوض کند، در خیابانی روبروی دانشگاه تهران خانه‌ای به نام هر پنج فرزندش خرید و ما را به دندان گرفت و آنجا برد تا به مدرسه‌های بهتری برویم و در محله‌ای بهتر رشد کنیم. و فقط هم این نبود... خواندن و نوشتن که آموختم، نامه‌ها و هدایایی از طرف پدر دریافت می‌کردم!

حالا با گذشت زمان و رسیدن به هفتاد سالگی، وقتی به پشت سرم نگاه می‌کنم و این چیزها را به یاد می‌آورم، تلاش می‌کنم تا مادر را درک کنم. حالا که سن خودم از او بیشتر شده می‌خواهم در تن آن زن جوان حلول کنم تا وقتی پشت میزش می‌نشست، دست‌خطش را عوض می‌کرد و برای دختربچه‌اش از طرف پدر

تابلوی سوم: افلیا

درگذشته‌اش نامه می‌نوشت، بفهمم در سرش چه می‌گذشته. شاید هم نامه‌ها را می‌داد کسی برایش بنویسد چون در تمام سال‌هایی که نامه‌ها را دریافت می‌کردم یک خط و یک انشاء داشتند؛ بدون هیچ تغییری، بدون هیچ تزلزلی.

سعید هم که بزرگ‌تر شد، مثل سربازی جان‌برکف در خدمت مادر بود تا همان اهداف و خواسته‌های او را دنبال کند. سعید نقش پدری را به عهده گرفت که نداشتم؛ پدری شوخ‌طبع، کتاب‌خوان، باهوش که می‌توانستم به او تکیه کنم و هر بار که به خودم و توانایی‌هایم شک می‌کردم بهم اطمینان بدهد و کنارم باشد. از سفرهای کاری‌اش برایم سوغاتی می‌آورد و وقتی می‌دید به خیاطی علاقه دارم با خریدن پارچه‌های رنگارنگ و زیبا غافلگیرم می‌کرد. یک بار که هر دو به عروسی مجللی در کلیسای ارامنه دعوت شده بودیم، لباسی زیبا برای خودم دوختم و برای اولین بار کمی آرایش کردم و به مژه‌هایم ریمل زدم. با کمی شرم از سعید پرسیدم: «خوشگل شدم؟» پاسخ سعید را دقیق و کلمه‌به‌کلمه به خاطر دارم.

«آره، اما چشم‌های خودت خیلی قشنگند و مژه‌هات هم بلند و پرپشت‌اند. به نظرم به هیچ آرایشی نیاز نداری.»

صورتم را که پاک کردم، دوباره سراغش رفتم و پرسیدم: «حالا چی؟»

با چشم‌هایش خندیده بود و رضایت را در تمام صورتش دیده بودم. حالا شاید درک این چیزها ساده نباشد، باید در آن روزگار زندگی کرده باشی تا بفهمی که جامعه چگونه به سرعت تغییر می‌کرد و سنت‌ها چگونه به چالش کشیده می‌شدند و پیدا کردن هویت شخصی چقدر دشوار می‌شد. جامعه‌ی آن روز ایران در حال گذار از وضعیتی کاملاً سنتی به وضعیتی مدرن و ناشناخته بود. ارزش‌های گذشته زیر سوال رفته بودند و ارزش‌های جدید چندان هم قابل اتکاء به نظر نمی‌رسیدند. شاید به همین دلیل بود که خانواده و ارزش‌های مورد احترامش بیشترین تأثیر را بر ذهن بچه‌ها می‌گذاشتند. البته این در مورد خانواده‌هایی صدق می‌کرد که یکپارچگی بیشتری میان اعضایشان وجود داشت. مادرم در ایجاد این یکپارچگی نقش مهمی داشت، نمی‌دانم بدون پدر و دست‌تنها چگونه از پسش برآمده بود، اما توانسته بود در وضعیت پرآشوب آن روزگار خانه‌ای امن برایمان بسازد، شاید به مدد همان دیوارها، همان نامه‌ها و تشتک‌های پر سر و صدا.

در این میان مسعود درِ دنیای دیگری را به رویم باز کرد؛ او مرا به تئاتر می‌برد. تماشای تئاترهایی که در دانشگاه ملی برگزار می‌شد، بخشی از لذت‌بخش‌ترین اوقاتم را می‌ساخت. یکی از این نمایش‌ها، «چهار صندوق» اثر بهرام بیضایی بود. این نمایش، به‌خاطر مضمون عمیق و ساختار نمایشی منحصر به

تابلوی سوم: افلیا

فردش، در میان دانشجویان و در محیط‌های دانشگاهی جایگاه ویژه‌ای داشت. گاهی گروه‌های دانشجویی «چهار صندوق» را که در کارگاه‌های تئاتر و فضاهای دانشگاهی خیلی مورد استقبال قرار گرفته بود، به‌عنوان تمرینی برای یادگیری اصول بازیگری و کارگردانی اجرا می‌کردند. این تجربه‌ها تأثیری عجیب و ماندگار بر ذهن و روح من بر جا می‌گذاشتند و ناخودآگاه مرا سوق می‌دادند به سمت مسیری در زندگی که به هنر و خلاقیت پیوند خورده باشد.

با مسعود گاهی به تماشای مسابقه‌های فوتبال می‌رفتیم و گاهی در کوهنوردی همراهش می‌شدم. با جثه‌ی کوچکم کوله‌پشتی بزرگی را حمل می‌کردم و تلاش می‌کردم نفس کم نیاورم و در مسیرهای سخت هم دنبالش کنم. در یک روز پاییزی سرد آشنایی ما را دید و حرفی زد که تا امروز هم یادآوری‌اش ما را به خنده می‌اندازد. گفته بود: «از دور دیدم یه کوله‌پشتی داره از کوه بالا می‌ره، نزدیک‌تر که شدم کوله رو برداشتم، دیدم تو زیر کوله‌ای! آخه دختر، تو و این کوله‌ی به این بزرگی!»

تابلوی چهارم:

عروس داغدار

در مرکز نقاشی تابوتی قهوه‌ای با یراق‌آلات طلایی و درخشان قرار گرفته و گل‌های سفید و قرمز روی تابوت را پوشانده‌اند. دو فرشته با بال‌های کرم‌رنگ در دو طرف تابوت دست‌به‌سینه ایستاده‌اند و سرهایشان را به احترام رو به جلو خم کرده‌اند. فضای اطراف تابوت الهام گرفته از کلیسای نوتردام پاریس با رنگ‌های خاکستری، قهوه‌ای، زرشکی و سبز که فضایی معنوی و قدیمی را به یاد می‌آورد، رنگ‌آمیزی شده و در پس‌زمینه، زنی عزادار با پیراهن تافته، دستکش و تور مشکی ایستاده است. شمعدان‌های برنزی و شمع‌های خاموش در اطراف تابوت به اندوه فضا دامن زده‌اند.

این نقاشی، تصویر ذهنی من است در سوگ پدر که فقدانش با دوری‌اش از ایران گره خورده. فضای نقاشی کمی رمزآلود است و احتمالاً به حال و هوایی ربط دارد که مادر برایم ساخته بود و آن قفل‌ها و یراق‌آلات طلایی هم شاید بر سکوت و سربسته بودن این راز صحه می‌گذارند.

رنگ و راز

در این نقاشی برخلاف مراسم واقعی، کسی حضور ندارد جز من و پدر.

تابلوی چهارم: عروس داغدار

اول مهر بود و اولین روز مدرسه. با اشتیاق روپوش اُرمک مشکی را تنم کردم و مادرم کمربند و یقه‌ی سفیدم را مرتب کرد و موهای فرفری‌ام را با پاپیونی سفید بالای سرم جمع کرد. وقتی خودم را در آینه نگاه کردم، به روی دختربچه‌ای که برای رفتن به مدرسه آماده است، لبخند زدم.

روز اول مدرسه احتمالاً برای همه‌ی آدم‌ها روزی فراموش‌نشدنی است، حتی اگر اتفاق خاصی هم در آن روز نیفتاده باشد، خود آن روز و مواجهه با حیاط بزرگ مدرسه و هیاهوی بچه‌ها و صدای آمرانه‌ی ناظم که در بلندگو با دستورهای کوتاه از بچه‌ها می‌خواهد به صف بایستند، آرام باشند، صحبت نکنند، برای همه‌ی هفت‌ساله‌ها سرشار از هیجان به نظر می‌رسد و بعید می‌دانم کسی آن روز را به خاطر نیاورد و لابلای دیگر خاطرات مدرسه گمش کرده باشد. برای من آن روز گره خورده با تصویری عجیب که قبلاً فکر می‌کردم ذهن بزرگسالم به آن شاخ و برگ

داده و بزرگش کرده یا برعکس، ذهن کودکانه‌ام آن را از ابتدا اغراق‌آمیز ساخته و فرستاده به حافظه‌ی طولانی‌مدتم تا گاهی حتی به خواب‌هایم راه پیدا کند، اما گشتم و یکی از همکلاسی‌های آن دوره را پیدا کردم و از او درباره‌ی این تصویر پرسیدم. او هم عیناً همین چیزها را به خاطر داشت. در این تصویر من که همیشه از همسن‌وسال‌هایم ریزه‌تر بودم، در جلوی صف کلاس اولی‌ها ایستاده‌ام؛ کلاس اول «ب». سرود ملی پخش می‌شود و پرچم شیر و خورشید که آرام از میله بالا می‌رود و در باد تکان می‌خورد، همه‌ی نگاه‌ها را می‌کشد سمت خودش. در پایان مراسم سروکله‌ی معلم‌ها پیدا می‌شود تا هر صفی را به طرف کلاس خودش هدایت کند. من در میان زن‌هایی که با موهای بلند یا کوتاه و دامن‌های کلوش یا راسته، با کفش‌ها پاشنه‌بلند یا کوتاه به سمت صف‌ها می‌آیند، دنبال مهربان‌ترین چهره می‌گردم. اما زنی که هدایت صف ما را به عهده می‌گیرد صورتی خشک و جدی دارد و بلوز و دامنی قهوه‌ای پوشیده که او را عبوس‌تر می‌کند. جلوی صفمان می‌ایستد و می‌گوید: «قبل از این‌که وارد کلاس بشید، می‌خوام جایی رو بهتون نشون بدم که جای خیلی مهمیه.»

او صف ما را از مسیر اصلی منحرف می‌کند و به سمت انتهای حیاط مدرسه می‌برد و جلوی دری آهنی و زنگ‌زده نگهمان می‌دارد. در خاکستری است و با پنجره‌ای باریک و شکسته به

سقف می‌رسد. معلم مدتی منتظر می‌ماند تا ما خوب به آن در و فضای تاریک و سیاهی که از پشت شیشه‌ی شکسته خودش را در چشممان فرو می‌کند، نگاه کنیم بعد می‌گوید :«این‌جا سیاه‌چال مدرسه است. هر کدوم از شما که به حرف‌های من و درس و مشقش توجه نکنه، جاش این‌جاست. اون‌قدر اون تو می‌مونه تا آدم شه.»

بعضی از ما ناخودآگاه دست یکدیگر را جستجو می‌کنیم تا به هم پناه ببریم. صدای فین‌فین ضعیفی هم به گوش می‌رسد و یکی که پشت سر من ایستاده، خودش را خیس می‌کند. به صورتش نگاه می‌کنم اما از من چشم می‌دزدد و تا پایان روز از خجالت همان‌طور سرش را پایین می‌اندازد. حتی زنگ تفریح هم در گوشه‌ای می‌ایستد و با کسی لام تا کام حرف نمی‌زند.

معلم مدتی ما را در همان حال نگه می‌دارد و بعد با صدایی سرشار از رضایت می‌گوید: «حالا می‌تونید آهسته و منظم برید سمت کلاستون.»

ما آهسته و منظم، با دل‌هایی ترسان و لرزان رفتیم و روی صندلی‌هایمان نشستیم و به تخته‌سیاه خیره شدیم و یاد سیاه‌چال رهایمان نکرد. البته که بعدها فهمیدیم آن اتاق تاریک و سیاه انبار زغال‌سنگ مدرسه است، اما آن آگاهی هم هرگز ترس درونی‌امان را از بین نبرد. هنوز هم درهای زنگ‌زده و شیشه‌های

شکسته برایم نمادی از مکان‌های ناامن‌اند و مدرسه جایی است که به اضطراب‌های آدم دامن می‌زند و آدم را از محیط امن خانه دور می‌کند. محیطی که مادر با سبک و سیاق خودش آن را امن کرده بود و باعث شده بود، ملاکی باشد برای قیاس با مکان‌های دیگر. با این حال قدرت مادر از چارچوب خانه فراتر نمی‌رفت و در بیرون از آن چهاردیواری، اضطراب به شکل‌های مختلف گاه‌وبی‌گاه پیدایش می‌شد. شاید همین شد که تا همین امروز هم برایم کلمه‌ی «خانواده» گره خورده با احساس امنیت و آغوش، و مادر را کانون اصلی این آغوش می‌دانم؛ کانونی که حتی در نبودنش هم تو می‌توانی به آن برگردی و گرمایش را حس کنی. شاید در جهان پر تلاطم امروز و با وجود انواع اضطراب‌های اجتماعی نقش این کانون حتی مهم‌تر و پرمعناتر باشد. برای من در آن روزگارِ بدون اینترنت و بدون هجمه‌های هر روزه‌ی خبرهای بد، مدرسه مرکز همه‌ی این اضطراب‌ها بود. می‌کوشیدم وظایفم را درست انجام دهم و درسم را بخوانم اما گاهی با وجود نهایت تلاشت باز هم در دام‌هایی که این‌جا و آن‌جا برایت پهن شده گرفتار می‌شوی. کلاس ششم بودم و معلممان از همه خواست دفترهای پاکنویس حساب یکدیگر را بررسی کنیم. دختری که دفتر مرا ورق می‌زد، انگار مچم را گرفته باشد، چشمانش برق زد و سراغ معلم رفت. من مرتکب گناهی نابخشودنی شده بودم؛ دو صفحه را به اشتباه جا انداخته بودم و پاکنویسشان نکرده بودم! قبل از این‌که بفهمم چه شده به تقلب

تابلوی چهارم: عروس داغدار

متهم شدم و سیلی محکم معلم گیجم کرد. با عصبانیت از کلاس خارج شدم و به خانه رفتم. احساس حقارت می‌کردم. احساس می‌کردم عادلانه قضاوت نشده‌ام. نیاز داشتم زودتر خودم را به مادرم برسانم. قیافه‌ی خشمگین مادر دیدنی بود. همراهم به مدرسه آمد و در دفتر مدرسه هیاهویی به پا شد. شرط مادرم برای حفظ آرامش فقط یک چیز بود؛ این‌که معلم در کلاس و در حضور همه از من عذرخواهی کند. معلم در کلاس و در حضور همه‌ی بچه‌ها از من عذرخواهی کرد، اما درد سیلی و صدای زنگی که در گوشم پیچیده بود تا امروز رهایم نکرده. شنوایی گوش چپم برای همیشه دچار اختلال شد و احساس سرگیجه و عدم تعادل وادارم کرد بارها به پزشکان مختلف رجوع کنم تا بالاخره تشخیص دهند که ضربه‌ی شدید به گوشم عوارض زیادی داشته و مجبورم برای همیشه از سمعک استفاده کنم.

این اتفاق و چیزهایی شبیه آن باعث شدند که همیشه احساس کنم بیرون از چهاردیواری امن خانه، خطراتی در کمین ما نشسته‌اند که حتی اقتدار مادر هم زورش به آن‌ها نمی‌رسد. داخل خانه اوضاع کاملاً متفاوت بود؛ البته که قوانین و مرزها آن‌جا هم وجود داشتند؛ آن‌جا هم پر از راز و رمزها و درهای قفلی بود که ازشان سر در نمی‌آوردم اما باور داشتم که جایم امن است. باور داشتم با وجود صندوقچه‌ای با قفل بزرگ در یکی از

اتاق‌های طبقه‌ی دوم و با وجود نامه‌ها و هدیه‌های گاه و بی‌گاه پدری که هرگز ندیده‌ام، جایم امن است.

باور داشتم که می‌توانم آروزهایم را به قاصدکی بگویم، قاصدک بچرخد و بچرخد و برود و برسد به دست پدر و در گوش او آرزویم را زمزمه کند. یک‌بار با صدای بلند به قاصدکی گفتم به پدر بگوید برایم عروسکی بزرگ با موهای طلایی بفرستد. عروسک چند روز بعد در بسته‌ای زیبا به همراه نامه‌ای از پدر به دستم رسید.

بعدها زیاد به این چیزها فکر کردم؛ این‌که آیا من درناخودآگاهم می‌دانستم پدر مرده یا نه، این‌که مادر تا کی می‌خواست به فرستادن آن نامه‌ها ادامه بدهد و مهم‌تر از همه این‌که چطور هیچ‌کس هرگز این راز را به من نگفت و حتی مجید که هم‌بازی‌ام بود و سن و سالی نداشت چطور توانسته بود جلوی زبانش را بگیرد و به من نگوید که پدر مرده! نامه‌ها سرشار از اظهار محبّت و دلتنگی بودند، امّا هیچ‌وقت وعده‌ای برای دیدار در آن‌ها وجود نداشت

یک‌بار همسایه‌ای گفته بود: «خدا پدرت را رحمت کند، دختر!» از مادر پرس‌وجو کرده بودم و پرسیده بودم: «چرا همسایه خیال می‌کند من یتیمم؟» و مادر گفته بود رحمت خدا دعای خیری است که برای مرده و زنده می‌شود طلبش کرد.

تابلوی چهارم: عروس داغدار

برای عروسکِ موطلایی لباس‌های زیادی دوختم. عاشق طرح و رنگ و نقش پارچه‌ها بودم و می‌توانستم ساعت‌ها خودم را سرگرمشان کنم و احتمالاً همین شد که در بزرگسالی هم این نقش‌ها رهایم نکردند و رشته‌ی طراحی پارچه را دنبال کردم.

صندوقچه‌ی طبقه‌ی دوم هم اول با روکشش که بقچه‌ای زیبا و سوزن‌دوزی‌شده بود، خودش را به رخم کشید و بعد قفلش توجهم را جلب کرد. آن بقچه‌ی سوزن‌دوزی‌شده را هنوز هم دارم؛ در هر شب یلدا و هر نوروزی با احترام و احتیاط پهنش می‌کنم. برای بقیه پارچه‌ای قدیمی است که به خاطر طرح‌های سنتی‌اش برای مراسم و آیین‌های باستانی به کار می‌آید، اما برای من روکش آن صندوقچه با قفل بزرگ است که هر چه می‌کردم، نمی‌توانستم درش را باز کنم و یک‌بار مادر را دیده بودم که با اضطراب در آن را بسته و از اتاق خارج شده بود.

قرار نبود راز صندوقچه تا زمان نوجوانی‌ام آشکار شود، شاید اگر به مادر بود، تا سال‌ها بعد هم از آن حرفی نمی‌زد و همچنان مهر سکوت به لب‌هایش می‌زد.

دوازده ساله بودم و بنا شد برای تعطیلات تابستانی به شهری که خواهرم در آن زندگی می‌کرد بروم و مدتی را پیش او بمانم تا هم آب و هوایی عوض کرده باشم و هم برای نگهداری از فرزندانش کمک‌حالش باشم.

یکی از شب‌ها با صدای گریه و هق‌هق از خواب پریدم. سیما که مرا در آغوش کشیده بود و تلاش می‌کرد آرامم کند، زیر لب می‌گفت: «چیزی نیست... چیزی نیست... خواب بد دیده‌ای...»

خواب بدی دیده بودم، اما صحنه‌هایش آن‌قدر زنده و پر از جزییات پیش رویم بودند که باور نمی‌کردم خواب باشد. سیما لیوان آب خنکی دستم داد و نوازشم کرد.

«چه خوابی دیدی؟»

«خواب دیدم بابا رو توی تابوت گذاشته بودن. تمام بدنش با پارچه‌ی سفیدی پوشونده شده بود جز صورتش که عین همون عکس بزرگ توی مهمان‌خانه بود، اما چشم‌هاش... چشماش بسته بود... و قیافه‌ش رنگ‌پریده و سفید بود...»

سیما با دستمال صورت و اشک‌هایم را پاک کرد و وادارم کرد باز هم آب بنوشم. بعد با صدایی آرام و کمی گرفته گفت: «فرض کن که این خواب واقعی باشه، چیزی تو زندگی تو عوض می‌شه؟ تو سال‌هاست که داری زندگیت رو می‌کنی و هرگز بابا رو ندیدی... می‌دونی زندگی پر از اتّفاق‌هاییه که ما هیچ کنترلی روشون نداریم. ولی چیزی که همیشه در دست خودمونه اینه که چطور با این اتّفاق‌ها کنار بیاییم.»

تابلوی چهارم: عروس داغدار

با حیرت به دهانش خیره شده بودم و معنی حرف‌هایش را نمی‌فهمیدم. تصاویر زیادی در سرم می‌چرخید؛ همه‌ی آن نامه‌ها، همه‌ی آن هدیه‌ها، شور و ذوقی که در صورت مادر بود وقتی آن‌ها را به من می‌داد ... با ناباوری پرسیدم: «واقعاً؟ یعنی من پدر ندارم؟ پس کی از پاریس آن همه عروسک برام پست می‌کنه؟ کی اون نامه‌ها رو می‌نویسه؟»

سیما درباره‌ی بیماری پدر گفت و درباره‌ی تغییرات ناگهانی زندگی‌امان، این‌که او مجبور شده دوستان و مدرسه‌اش را در پاریس رها کند و به تهران برگردد و به خاطر سن و سالش در آن زمان، این تغییر بیشتر از همه‌ی ما زندگی او را دگرگون کرده، این‌که مادر بار همه‌مان را به دوش کشیده. اما من خشمگین بودم و حرف‌های سیما خشمگین‌ترم می‌کرد.

«تمام این مدت همه‌تون دائم داشتین به من دروغ می‌گفتین؟ چرا؟ مامان همیشه می‌گه آدم باید راستش رو بگه. پس چرا خودش به من دروغ گفت؟ چطور تونست؟»

و با صدایی شکسته پرسیدم: «بقیه اینو می‌دونستن؟» سیما با سر اشاره کرد: «آره.»

«حتی مجید هم می‌دونست؟»

«آره.»

رنگ و راز

بدنم از خشم می‌لرزید. سیما تلاش می‌کرد مرا در آغوش بکشد و آرامم کند اما من پدرم را از دست داده بودم و نمی‌توانستم آرام باشم، پدرم و اعتمادم به خانواده همزمان از دست رفته بودند. نمی‌توانستم به چشم‌های سیما نگاه کنم. او را همدست بقیه می‌دیدم و فکر می‌کردم از این به بعد چطور می‌توانم با آن‌ها سر کنم. سیما هم سرش را پایین انداخته بود و برگشته بود به آن روزهای غمناک. حال خودش هم خیلی خوب نبود. با صدایی بی‌انرژی و کم‌رمق گفت: «مامان گفته بود تا وقتی بزرگ نشدی، چیزی در این مورد بهت نگیم. تصمیم مامان بود. می‌خواست دوران کودکیت شاد باشه و احساس یتیم بودن نداشته باشی. نمی‌دونم دقیقاً کی می‌خواست بهت بگه، اما برای اونم کار آسونی نبود.»

«نامه‌ها رو کی می‌نوشت؟»

«نمی‌دونم... من نمی‌دونم کلاً این تصمیم درست بوده یا نه... از مامان عصبانی نباش.»

«می‌خوام زودتر برگردم تهران... خواهش می‌کنم منو برگردون به خونه.»

تابلوی چهارم: عروس داغدار

یادم نمی‌آید آن شب خوابم برد یا نه. یادم نمی‌آید صبح کی بیدار شدیم و کی راه افتادیم سمت تهران و کی رسیدیم. فقط یادم است که مادر تا مرا دید همه چیز را از چشم‌هایم خواند. به نوبت به سیما و من نگاه کرد و فهمید که رازش از پرده برون افتاده.

من نمی‌توانستم خشمم را به او نشان دهم، قهر کرده بودم و از نگاه کردن به او طفره می‌رفتم، اما با مجید می‌توانستم دعوا کنم و همه‌ی خشمی را که داشتم بر سر او که با خودم اختلاف سنی زیادی نداشت خالی کنم. به او گفتم که خیال می‌کردم بهترین دوست من است، خیال می‌کردم همراز یکدیگریم.

«یادته تابستونا وقتی مامان می‌خوابید، از نردبون چوبی بالا می‌رفتی و من نگهبانی می‌دادم تا سر و کله‌ی کسی پیدا نشه؟ یادته یواشکی رفتی و جنازه‌ی آقا بزرگ رو دیدی؟ یادته... پس چطور تونستی اینو بهم نگی؟»

نمی‌خواستم هیچ‌کدام از اعضای خانواده‌ام را ببینیم و باهاشان همکلام شوم. آن روزها خواهرزاده‌هایم تنها دلخوشی‌های من بودند، شاید چون نقشی در این همدستی و پنهان‌کاری نداشتند.

چند روزی از این اتفاق و بازگشت خواهرم به شهرشان گذشته بود که مادرم کار عجیبی کرد و مرا در خانه تنها گذاشت. شیوه‌ی

رنگ و راز

آماده شدنش برای بیرون رفتن و حرفی که زد باعث شد که مطمئن شوم قصدی دارد.

«امروز مادربزرگ رفته به خاله‌ت سر بزنه، برادرهات هم تا شب به خونه برنمی‌گردن، من هم دارم می‌رم خرید. تو توی خونه تنهایی. مراقب خودت باش.»

این حرف‌ها به ظاهر ساده بودند، امّا در دلشان چیزی بود که آدم را به دلشوره می‌انداخت. حس کردم مادرم عمداً مرا تنها گذاشته است. وقتی از رفتنش مطمئن شدم می‌دانستم باید بروم سراغ صندوقچه.

در کمال ناباوری دیدم که قفل صندوقچه باز است. چهارزانو مقابل آن نشستم. پارچه‌ی سوزن‌دوزی را از رویش برداشتم و درش را باز کردم.

داخل صندوقچه، یک جفت دستکش مشکی توری‌بافت و یک شال حریر مشکی و چیزهایی دیگر به چشم می‌خورد که هر کدامشان به تنهایی می‌توانستند حال و هوایم را عوض کنند. بوی دستکش‌ها و شال را به سینه کشیدم؛ بویی لطیف و آشنا که نمی‌دانستم چرا آشناست اما ناخودآگاهم را می‌برد به زمان‌هایی دور، خیلی دور. وقتی آلبوم عکس را زیر این چیزها پیدا کردم، قلبم از حرکت ایستاد. آلبوم را که بزرگ و سنگین بود با دقت روی زمین گذاشتم و با دستی لرزان ورق زدم. انگار در بیداری

خواب می‌دیدم؛ همان صحنه‌ها و همان حس‌هایی که در خواب دیده بودم دوباره برایم زنده شدند و دوباره اشکم جاری شد. عکس‌هایی بودند از مراسم یاد بود پدرم در پاریس و مادرم که مشکی پوشیده بود و همان دستکش‌ها را به دست داشت و همان شال را روی سرش انداخته بود.

خیلی طول کشید تا بتوانم از آن حال و هوا بیرون بیایم و همه چیز را برگردانم سر جایش. به آشپزخانه رفتم، سماور را روشن کردم تا چای دم کنم و کنار میز منتظر مادر نشستم. تا بیاید، تا خودم را در آغوشش بیندازم و زار زار گریه کنم تا با دست‌های مهربان و نوازشگرش موهایم را کنار بزند و بگوید: «می‌دونم... می‌دونم...»

اشک‌هایم را پاک کند و بگوید: «حالا می‌تونیم با هم درباره‌ی همه‌ی این چیزا حرف بزنیم.»

وقتی پشت میز نشستیم و لیوان‌های چایمان را در دست گرفتیم و منتظر نگاهش کردم تا تعریف کند، احساس می‌کردم زن شده‌ام؛ زنی پخته و جاافتاده که در حال چای خوردن با مادرش از رازهای بزرگ حرف می‌زند و از اندوه. مادر گفت: «درد از دست دادن پدرت برای همه‌ی ما خیلی سنگین بود، نمی‌خواستم سایه‌ش بیفته رو کودکیت و غم توی چشات لونه کنه. می‌خواستم بذارم بزرگ‌تر بشی تا شخصیت شکل گرفته باشه و

دختر قوی‌ای شده باشی تا بتونی این درد رو تحمل کنی. حالا گمونم می‌تونی.»

بریده‌بریده و با صدایی گرفته گفتم: «امّا مامان، من حق داشتم بدونم. حق داشتم که حقیقت رو زودتر بفهمم. این‌همه سال با خیال باطل زندگی کردم... با نامه‌هایی که فکر می‌کردم از پدرمه، با عروسک‌هایی که باور داشتم اون فرستاده... امّا همه‌ش دروغ بود... چطور تونستی؟»

مادرم دست‌هایم را در دست گرفت و گفت: «حق با توست. شاید باید زودتر به تو می‌گفتم، امّا هر بار که می‌خواستم حقیقت رو بگم، ترس بهم غلبه می‌کرد. ترس این‌که این غم بزرگ روی شونه‌های کوچیک تو سنگینی کنه. نمی‌خواستم جای خالی‌ش عذابت بده.»

به اشک‌هایم اجازه دادم تا بی‌پروا جاری شوند و هق‌هقم را رها کردم. مادر سرم را در آغوشش گرفت و قول داد که دیگر هیچ رازی بین ما نخواهد بود.

رابطه‌ام با مادرم به طرزی عمیق تغییر کرد و فاصله و سرمای میانمان آرام محو شد. با این حال هنوز هم گاهی خودم را جای او می‌گذارم و فکر می‌کنم اگر من بودم چه می‌کردم. شاید تلاش

تابلوی چهارم: عروس داغدار

برای خلق تمام این تصاویر و بازسازی گذشته برای همین باشد؛ برای اینکه حال مادرم را بفهمم و تصمیم بگیرم که اگر جای او بودم چه می‌کردم. در تمام این تصاویر وجهی از کنترل‌گری و قدرت را در مادر می‌یابم و تعجب می‌کنم که با چه نیرو و اراده‌ای همواره در حال تاثیرگذاری بر اطرافش بود. چرا خود را رها نمی‌کرد تا اتفاق‌ها به شکلی طبیعی پیش بروند؟ تا بچه به شکلی طبیعی بفهمد پدرش مرده؟ تا بچه‌هایش به شکلی طبیعی با شهر و محیط اطرافشان ادغام شوند؟ تا مثل بقیه‌ی مردم آن دوره و زمانه تن بدهد به تقدیر؟ نه... مادر همیشه در میدان حاضر بود و همیشه شانه‌هایش را برای پذیرش بار مسئولیتی بالاتر از حد توانش پیش می‌آورد و احتمالاً همین فشارها باعث شد که جسمش زودتر از انتظار وا بدهد و بیمار شود.

تابلوی پنجم:

بیان غم

نقاشی روی ابریشم از سنگ قبر مادر مرثیه‌ای بصری است برای فقدانی که در عمق وجودم ریشه دوانده است. سنگ قبر مادرم، محور این اثر، با رنگ‌های تیره‌ی آبی، خاکستری و سبزخزه‌ای از پشت انبوه شاخ و برگ درختچه‌های انار خود را به رخ می‌کشد. رنگ‌هایی که سکوتی سرد و سنگین را فریاد می‌زنند. کنتراست شدید نور و سایه، گویی جدال میان زندگی و مرگ را به تصویر می‌کشد، جایی که نور، آخرین پرتوهای امید را در دل تاریکی به نمایش می‌گذارد. روی سنگ قبر، دسته‌گلی از میخک‌های سفید و صورتی آرام گرفته است؛ گل‌هایی که نماد عشق و وداع‌اند. اما یکی از این میخک‌ها پرپر شده و گلبرگ‌هایش با ظرافتی غم‌انگیز روی جایی که چهره‌ی مادرم می‌توانست باشد، پراکنده شده‌اند. این پرپر شدن، نشانه‌ای است از جدایی ابدی من از او؛ گویی هر گلبرگ، تکه‌ای از قلب من است که برای همیشه از دست رفته. این نقاشی ابریشم نه تنها یک تصویر، بلکه فریادی خاموش است که از عمق اندوه من برخاسته. هر ضربه‌ی قلم‌مو، هر انتخاب رنگ و هر جزئیات،

رنگ و راز

تلاشی است برای جاودانه کردن عشق و فقدانی که هیچ‌گاه از من جدا نخواهد شد.

تابلوی پنجم: بیان غم

مادرم یادمان داده بود نسبت به سلامت جسم و روحمان حساس باشیم، اما حالا می‌دیدم که خودش به این آموزه بی‌توجهی می‌کند. شاید خسته بود و دیگر جانش را نداشت که بماند و استوار باشد. مدتی بود که یکی از سینه‌هایش مایعی ترشح می‌کرد، اهمیتی نمی‌داد، به پزشک هم مراجعه نمی‌کرد. وانمود می‌کرد چیز مهمی نیست و خودبه‌خود خوب خواهد شد. اگر اصرار سیما نبود کار به بایوپسی و تشخیص سرطان نمی‌کشید.

ماجرای بیماری حاد مادر و نیاز فوری‌اش به جراحی با همه‌ی اعضای خانواده در میان گذاشته شد، جز من. به من گفتند مادر باید جراحی شود و دوره‌ی درمانش طولانی خواهد بود اما حرفی از سرطان نزدند. عادت کرده بودند مرا همان دختربچه‌ای به حساب بیاورند که دور از مصیبت‌ها و مرگ‌ها در عالم رنگارنگ کودکی‌اش خوش باشد. اما من یک بار طعم بی‌خبری

رنگ و راز

را چشیده بودم و می‌دانستم که خودم باید از خبرهای بد سر دربیاورم.

بعد از جراحی و بعد از برداشتن یکی از سینه‌هایش هر سه‌شنبه باید برای پرتودرمانی به بیمارستان می‌رفت. دوران نقاهت طولانی بود و مادر روز به روز جلوی چشم‌هایم آب می‌رفت و کوچک می‌شد. کم‌کم توان پایین آمدن از پله‌ها را هم نداشت. بارها او را روی صندلی نشاندیم، پسرها صندلی را بلند کردند و همچون ملکه‌ای نشسته بر تخت پایینش آوردند. کمر همت بسته بودم که مسئولیت تمام کارهای خانه را به عهده بگیرم تا ملکه احساس کند خانه مثل همیشه پاکیزه و آراسته است و غصه‌دار نشود.

حالا در این میان خواستگار هم برایم پیدا شده بود. کسی تماس گرفته بود که برای امر خیر مزاحم بشوند، مادر می‌خواست نظرم را بداند و خشنودی‌اش را پنهان نکرد وقتی مخالفت صریحم را شنید. من کارها داشتم؛ بایستی درس می‌خواندم، از مادر مراقبت می‌کردم و خانه را آراسته نگه می‌داشتم که اصلاً برای جثه‌ی کوچکم کار آسانی نبود. اشیاء و وسایل خانه همه دست‌به‌دست هم داده بودند تا صبوری‌ام را امتحان کنند. یک‌بار وقتی داخل منبع آبگرمکن نفت می‌ریختم، خاموش شد. دریچه‌ی آتشگاهش را باز کردم و کبریت کشیدم، صدای مهیب انفجار بلند شد و همه جا را دوده گرفت. به دست‌های سیاهم

نگاه می‌کردم و در فکر بودم چه کنم که زنگ خانه را زدند. فقط من و مادر و مادربزرگ خانه بودیم که با وجود بیماری یکی و زانودرد دیگری، جز من کسی نمی‌ماند برای باز کردن در.

پشت در مردی جوان با جعبه‌ای شیرینی و گل، کنار زنی میانسال که احتمالاً مادرش بود، با لبخند نگاهم می‌کرد. تعارفشان کردم که بیایند داخل. گفتم: «مامان بالا در اتاقش است.» و برگشتم به آشپزخانه و مشغول تمیزکاری شدم.

بعد از چند دقیقه صدای قدم‌های لنگان مادربزرگ را شنیدم که از پله‌ها پایین می‌آمد.

« لباست رو عوض کن و برو بالا. بالاخره اینا مهمانند.»

«لباسم؟» تازه به صرافت قیافه‌ام افتادم و خودم را در آینه دیدم که سر و صورتم پوشیده از دوده بود. صدایم را بالا بردم تا همه بشنوند و گفتم: «مگر ما تلفن نداریم؟ مگر نمی‌دونن مامان مریضه؟ جواب رو هم که قبلاً گفته بودیم و چیزی تغییر نکرده. بی‌خود اومدن!»

حالا که به آن روزها فکر می‌کنم، می‌بینم که داشتم پوست می‌انداختم. داشتم از آن دخترک نرم و نازک تبدیل می‌شدم به زنی که باید آستین بالا می‌زد و می‌افتاد به جان خانه تا همه چیز را بشوید و بسابد و ... تبدیل می‌شدم به زنی که به ازدواج به

عنوان عملی مسئولانه نگاه کند. شاید زود بود. شاید هنوز باید می‌ماندم در همان عوالمی که دخترک‌های هفده، هجده ساله داشتند و شور و نشاط عاشقانه را برای ازدواج مهم‌تر از هر چیز دیگر می‌دانستند، امّا من خیلی زود پاگذاشتم به عالم بزرگسالان و تصمیم‌های عاقلانه‌شان. وقتی داشتم دوده‌ها را از دیوارها و کف آشپزخانه پاک می‌کردم، صدای پای مهمان‌ها را شنیدم که رفتند و در را پشت سرشان بستند. لحظه‌ای گوش ایستادم تا ببینم مادر و مادربزرگ غری می‌زنند یا پچ‌پچی می‌کنند، صدایی نیامد و فهمیدم مدیریتم به رسمیت شناخته شده و از حالا به بعد بارم سنگین‌تر خواهد بود.

این که خواهر و برادرهایم بیماری مادر را از من پنهان می‌کردند، برایم قابل درک نبود. تناقض عجیبی را حس می‌کردم؛ از طرفی دائم با مادر وقت می‌گذارندم و تحلیل رفتن روز به روزش را شاهد بودم و هر چه می‌گذشت وقت کمتری برای مدرسه و انجام تکالیفم برایم باقی می‌ماند و از طرفی هنوز آن دختربچه‌ی حساس به حساب می‌آمدم که بایستی از مرگ و بیماری دور نگه داشته می‌شدم.

یک روز وقتی از مدرسه برگشتم صدایشان را از داخل یکی از اتاق‌ها شنیدم که حرف می‌زدند. خواستم بروم داخل و سلام کنم

تابلوی پنجم: بیان غم

که دستم روی دستگیره ماند، چون فهمیدم درباره‌ی موضوعی ناخوشایند صحبت می‌کردند و احتمالاً نمی‌خواستند من در جریان قرار بگیرم. کلمه‌ی «متاستاز» را شنیدم و این را که «ریه هم درگیر شده». به سرعت از در اتاق دور شدم و دوباره با صدای بلند و پر سر و صدا برگشتم و وانمود کردم تازه از مدرسه آمده‌ام. آن‌ها می‌خواستند من همان دختر کوچک باقی بمانم، من هم وانمود می‌کردم همانم؛ همان طفل معصوم بی‌خبر که می‌شود دائم خبرهای بد را ازش پنهان کرد.

در خانه کتابی نداشتیم که بیماری‌ها را شرح داده باشد. اینترنت و جستجو در فضای مجازی هم که در آن سال‌ها به افسانه شبیه بود، پس رفتم به کتابخانه‌ی ملی تا بفهمم «متاستاز» یعنی چه.

کتابخانه‌ی ملی در خیابان قوام‌السلطنه بود. ساختمانی دوطبقه با نمای آجری که چسبیده بود به موزه‌ی ایران باستان و آن‌قدر شبیه آن بود که هر کسی به راحتی متوجه می‌شد یک طراح داشته‌اند. آن موقع‌ها اسم آندره گدار را نشنیده بودم؛ معماری فرانسوی که در آن سال‌ها ساختمان‌های مدرن زیادی را در ایران طراحی کرد و بعدها فهمیدم اسمش عجین شده با دوره‌ای از توسعه‌ی مدرنیسم در ایران.

مخزن کتاب‌ها و تالار مطالعه در طبقه‌ی دوم بود و کتابدار زنی بود میانسال که موهای بلندش را پشت سرش جمع کرده بود و

کت و دامنی آبی بر تن داشت و قیافه‌اش زیادی جدی به نظر می‌رسید. کمی به مدیر مدرسه‌امان شباهت داشت و شاید همین بود که باعث شد به تته‌پته بیفتم، وقتی خواستم کتابی در مورد بیماری‌های زنان را برایم بیاورد. زن که تا قبل از آن وانمود می‌کرد مرا ندیده است، نگاهی بدبینانه به سر تا پایم انداخت و پرسید: «مثلاً چه نوع بیماری‌هایی؟!» سوال را طوری پرسید که بیشتر از پرسش، شبیه این جمله بود که «اگر جرئت داری بگو!» هنوز هم نمی‌دانم در آن چند ثانیه چه در سرش گذشته بود و در موردم چه خیال‌هایی کرده بود. با همان تته‌پته کمی درباره‌ی بیماری مادرم گفتم و آن کلمه را با تردید بر زبان آوردم: «متاستاز.» چهره‌ی زن تغییر کرد. احساس کردم خون به صورتش دوید و قدری شرمنده شد، شاید بابت فکرهایی که به سرش زده بود. با او به تالار مخزن کتاب‌ها رفتم. از نردبانی بالا رفت و پس از کمی جستجو با کتابی سنگین پایین آمد. «متاسفانه این کتاب رو نمی‌تونی با خودت بیرون ببری و باید همین‌جا مطالعه‌ش کنی.»

کتابی قطور بود نوشته‌ی دکتر جهانشاه صالح. هنوز خوب جلد چرمی و زرکوب شده‌اش را به خاطر دارم؛ «بیماری‌های زنان». هر چه بیشتر می‌خواندم بیشتر به عمق فاجعه پی می‌بردم. وقتی معنی متاستاز را خواندم، کتاب را با خشم بستم و از کتابخانه بیرون زدم. حالا فهمیده بودم که به احتمال زیاد مادر را به زودی

تابلوی پنجم: بیان غم

از دست خواهیم داد. امّا اگر بیشتر کنارش بمانم، چه؟ اگر بیشتر مراقبش باشم، چه؟ اگر نگذارم آب توی دلش تکان بخورد، چه؟

به خانه که رسیدم، یک‌سره رفتم به اتاقش. نگاه نگرانمان به هم گره خورد. پرسید: «کلاس فوق‌العاده داشتی؟ چرا دیر از مدرسه اومدی؟»

«رفته بودم کتابخونه.»

در نگاهش هنوز پرسشی بی‌پاسخ موج می‌زد، اما گفتم اگر کمی صبر کند غذایش را گرم می‌کنم. لبخند زد و دیگر چیزی نپرسید.

با آگاهی جدیدم نسبت به اوضاع مادر ذهنم دیگر به درس و مدرسه معطوف نبود. تمام تمرکزم روی مادرم بود. بیماری هم جسمش را ضعیف کرده بود، هم روحیه‌اش را. مادری که همیشه با لبخند پرانرژی‌اش خانه را روشن می‌کرد، حالا دیگر به سختی می‌خندید. تمام تلاشم را می‌کردم تا حالش را بهتر کنم، گاهی لباس محلی می‌پوشیدم و با خنده و شوخی برایش می‌رقصیدم. گاهی در حالی‌که شکلک‌های بچگانه در می‌آوردم، داستان‌های خنده‌دار برایش تعریف می‌کردم. گاهی پانتومیم اجرا می‌کردم و از او می‌خواستم حدس بزند، چه کلمه‌ای مد نظرم بوده. همین کارهای ساده، لبخند را بر لب‌های مادرم می‌نشاند و فضای سنگین خانه را برای لحظاتی سبک‌تر می‌کرد. خیلی غریزی

می‌دانستم کودکانه بودن، آدم را به زمان حال می‌کشاند و از فکرها و نگرانی‌های آینده دورش می‌کند. به جز رسیدگی به مادر و سرگرم کردن او، کارم شده بود سر زدن به کتابخانه به امید این‌که اطلاعات جدیدی در مورد بیماری و نحوه‌ی پرستاری از او به دست آورم. خواندن کتاب‌های پزشکی و روانشناسی، جزوی از برنامه‌ی روزانه‌ام شده بود. هر صفحه‌ای که ورق می‌زدم، گویی بخشی از معمایی که در ذهنم داشتم حل می‌شد و احساس می‌کردم می‌توانم بیشتر از پیش به مادر کمک کنم. حالا دیگر نه تنها در مورد بیماری او اطلاعات زیادی پیدا کرده بودم، بلکه ابهاماتم درباره‌ی مرگ پدر نیز از بین رفته بودند. هر کتابی که می‌خواندم، دریچه‌ای جدید به رویم باز می‌شد. حالا که فکرش را می‌کنم، می‌بینم مطالعات غیرکلاسیک و علاقه‌ی شدیدم به یادگیری، بخصوص در زمینه‌ی پزشکی از آن زمان آغاز شد. هنوز هم وقتی نام بیماری‌ای را می‌شنوم فوراً دست به‌کار می شوم و در مورد انواع درمان‌ها، داروهای در دسترس، عوارض جانبی‌اشان و صدمات روحی ناشی از بیماری مطالعه می‌کنم. خوانده بودم رسیدگی کامل و تغذیه‌ی مناسب می‌تواند روند بیماری را کُند کند. غذاهای مقوی برایش درست می‌کردم و روزی دو بار آب پرتقال تازه به او می‌دادم. زندگی‌ام خلاصه شده بود در ترس و دلهره بابت از دست دادن مادر.

تابلوی پنجم: بیان غم

روزهایم به پرستاری می‌گذشت و شب‌ها تا دیروقت بیدار می‌ماندم و کتاب‌های مدرسه را ورق می‌زدم. امّا انگار جایی در مغزم باقی نمانده بود تا آن‌ها را درک کنم، یاد بگیرم و به خاطر بسپارم. شاید هم ته دلم احساس می‌کردم دانستن آن چیزها در آن شرایط چندان اهمیتی ندارد. پس تعجب نکردم وقتی فهمیدم از پس امتحانات نهایی برنیامده‌ام. مردود شده بودم و بابتش احساس شرم می‌کردم، اما به خاطر قولی که در مورد نداشتن راز به مادر داده بودم، موضوع را به او گفتم و ازش خواستم به دیگران چیزی نگوید. انگار خجالت می‌کشیدم به چشم خواهر و برادرهایم و بقیه، آدمی بی‌مسئولیت به نظر بیایم، یا شاید آن‌قدر اعتمادبه‌نفس نداشتم که بهشان بگویم درس نخواندنم از سر تنبلی نبوده. الان که فکرش را می‌کنم، تعجب می‌کنم که آن دختر هفده‌ساله که همه‌جوره از حمایت کامل خانواده برخوردار بود، چگونه چنین تصمیمی گرفته و پایش مانده؛ تصمیمی عاقلانه برای بیشتر وقت گذاشتن با مادرش، بیشتر دیدنش، بیشتر فهمیدنش.

در چشم‌های مادرم به جای سرزنش، برقی از مهربانی و قدرشناسی دیدم. به زبان آمد و گفت: «مهم‌ترین کاری که انجام دادی تلاشت بود. من مطمئنم که آینده‌ی خوبی خواهی داشت.»

سال بعد، درس‌هایم را شبانه خواندم. اهل خانه گمان می‌کردند به کلاس کنکور می‌روم. بنابراین سوال‌پیچم نمی‌کردند که چرا

بعضی از روزها خانه نیستم. با این حال، ذهن آزادی برای درس خواندن نداشتم. همیشه به هر دلیلی که بیرون از خانه بودم، عجله داشتم زودتر به خانه برگردم. می‌ترسیدم زمانی که خانه نیستم، اتفاقی بدی برای او بیفتد.

اتاقِ مادر به بالکنی نسبتاً بزرگ مشرف بود. در یک سمت بالکن گلدان‌هایی با گل‌های رنگارنگ چیده بودیم که جلوه‌ای خاص به آنجا می‌دادند. گاهی قبل از ظهر قالیچه‌ای در بالکن پهن می‌کردم، برای مادربزرگ قلیان چاق می‌کردم و زن همسایه را که دوست مادرم بود، دعوت می‌کردم تا لحظاتی را کنار هم خوش باشند. خودم هم به کارهای عقب‌افتاده‌ام می‌رسیدم.

در آن دوره من و مادرم آن‌قدر به هم نزدیک شده بودیم که گاهی برایم حرف می‌زد و از گذشته‌های دور می‌گفت یا درد دل می‌کرد. از فامیل و دوستانی می‌گفت که خیلی برایشان زحمت کشیده بود و حالا به او سر نمی‌زدند و احوالش را نمی‌پرسیدند، کمی دلخور بود، امّا همیشه در آخر حرف‌هایش می‌گفت: «عیب نداره، لابد گرفتارند، اما تو مثل اونا نباش اگر کسی به اندازه‌ی سر سوزنی بهت محبت کرد، هرگز فراموش نکن.»

می‌دیدمش که هر روز ضعیف‌تر می‌شد و کم‌کم دیگر قدرت راه رفتن نداشت. تمام مدت روی تخت می‌نشست یا می‌خوابید. سیما مرتب کمر و پشتش را چرب می‌کرد و ماساژ می‌داد تا

تابلوی پنجم: بیان غم

دچار زخم بستر نشود. گمانم ترجیح می‌داد من بدن آسیب‌دیده و رنجور مادر را نبینم. درباره‌ی زخم بستر هم می‌خواندم و بدون آنکه زخم‌های مادر را دیده باشم می‌توانستم تنش را تصور کنم؛ بدون سینه و با جای بخیه‌هایی که بی‌رحمانه نبودن آن عضو را به رخ می‌کشیدند.

یک روز صبح که با مادر در خانه تنها بودم، ازم خواست همان‌جا در اتاقش موهایش را بشویم و روی تنش آب بریزم. «می‌تونی راهی پیدا کنی که همین‌جا توی اتاق سرم رو بشوری؟»

«آخه اگه بچه‌ها بفهمن، دعوام می‌کنن مامان...»

با لبخندی ضعیف امّا معنی‌دار گفت: «حالا که کسی خونه نیست، تا همه برگردن، تو هم موهام رو شستی، هم روی تنم آب ریختی. درسته؟»

نگاه مادرم، دلم را به درد آورد. سرم را پایین انداختم تا نگاهش را نبینم، نمی‌خواستم ضعفش را ببینم، نمی‌خواستم دردهای دلش آشکار شود. مادرم، آن زنِ بااقتدار و قدرتمند، که زمانی من، خواهر و برادرهایم را با دستان مهربانش در آغوش می‌کشید و محافظمان بود، حالا ملتمسانه نگاهم می‌کرد. صدایی با خشم در سرم فریاد می‌زد که پس صلابت و استواری او کجا رفته؟ چرا دیگر آن نگاه محکم و پر از اعتمادبه‌نفس را در چشمانش

رنگ و راز

نمی‌بینم؟ اما به رویش لبخند زدم و گفتم: «نگران نباش مامان، حتماً راهی پیدا می‌کنم.»

در آشپزخانه دو قابلمه‌ی بزرگ را پر از آب کردم و روی اجاق گذاشتم. تا آب به جوش بیاید سراغ زن همسایه رفتم که سالن آرایش داشت، از او وسیله‌ای گرفتم که با آن موهای مادر را راحت‌تر بشویم. دیده بودم که چطوری موقع شستن موهای مشتری‌هایش آن را دور گردنشان می‌گذاشت تا آب و کف را مثل ناودان به سمت سینک هدایت کند. نایلونی بزرگ روی فرش اتاق مادر به موازات تختش پهن کردم. دو تشت آوردم، یکی برای پایه‌های صندلی مشبک و دیگری برای وسیله‌ای که همسایه داده بود. دلشوره داشتم و قلبم به شدت می‌تپید. به سختی توانستم او را بلند کنم و روی صندلی بنشانم. دور گردنش حوله‌ای پیچاندم تا بدنش خیس نشود. روی موهای فرفری کوتاهش شامپویی را که همیشه بویش را دوست داشت، ریختم و با دستان لرزانم موهای نازک و کودکانه‌اش را نوازش کردم. مادر که آرام و بی‌صدا نشسته بود با ریزش آب گرم بر سرش نفسی از سر رضایت کشید. بعد خواستم کمکش کنم تا برهنه شود، اما گفت: «پرده‌ها رو بکش.»

پنجره‌ی بزرگ اتاقش به جایی دید نداشت، اما می‌دانستم که او نگران دیده شدن از بیرون نیست، می‌خواست اتاق تاریک شود تا من تنش را نبینم. تنی که کبود بود و به خاطر پرتودرمانی

تابلوی پنجم: بیان غم

سوخته بود. در مورد عوارض جانبی پرتودرمانی زیاد خوانده بودم و می‌دانستم با بدن آدم چه می‌کند. من هم مثل او نمی‌خواستم ببینم، اصلاً طاقتش را نداشتم. پرده‌ها را کشیدم. پیراهنش را که خودم برایش دوخته بودم از تنش درآوردم. پیراهن‌هایی که برایش می‌دوختم، نخی و سبک و گشاد بودند تا موقع پوشیدن و درآوردن اذیت نشود.

در حالی که روی تنش آب می‌ریختم، مدام زیر لب می‌گفتم: «نگران نباش، من هیچ چیزی نمی‌بینم.» امّا همه چیز را می‌دیدم؛ همه‌ی آن زخم‌های روحی و جسمی را، همه‌ی آن روزهایی را که مجبور بود به تنهایی تصمیم‌های سخت بگیرد، همه‌ی آن سال‌هایی را که به گوشه‌ی عزلت خود خزیده بود و بعد از پدر تنهایی‌اش را با کسی قسمت نکرده بود، همه‌ی حرف‌های نگفته و رنج‌های درونی را.

آب ولرم را آرام آرام برتنش ریختم تا هم جسمش را بشوید، هم خاطرات تلخی که در طول سال‌ها در دلش انباشته شده بودند، رنگ ببازند.

او را به تخت برگرداندم و با سشوار موهای نقره‌ای‌اش را خشک کردم. پتویی برقی روی پاهایش گذاشتم و یکی دیگر از پیراهن‌هایی را که برایش دوخته بودم، به او پوشاندم. در تمام این مدت از من چشم برنمی‌داشت. در نگاهش می‌دیدم که آرام

و راضی است. انگار حالا دیگر می‌توانست با خیال راحت بخوابد یا حتی ما را ترک کند. آغوشش را باز کرد. سرم را روی سینه‌اش گذاشتم و احساس کردم زمان متوقف شده.

چند روز بعد پسرها کمک کردند تا تختش را جابجا کنیم طوری که رویش به سمت بالکن باشد و گل‌های رنگارنگ توی بالکن را ببیند. مسعود گلخانه‌ی کوچکی در بالکن درست کرده بود و گل‌ها پرندگان مختلفی را به بالکن کشانده بودند. این تغییر کوچک، در روحیه‌ی مادر تاثیر زیادی داشت. هر روز همان‌طور که به پشتی تختش تکیه می‌داد، در زیبایی گل‌ها و صدای فینچ‌ها و قناری‌ها غرق می‌شد. نسیمی ملایم، بوی دل‌انگیز گل‌های یاس را به اتاقش می‌کشاند و قلب خسته‌اش را التیام می‌داد.

طبیعت همیشه شفابخش است و قدرتی خارق‌العاده دارد برای اینکه افسردگی را پس بزند یا کاری کند که در زمان حال غرق شویم و نگرانی‌هایمان بابت آینده و خاطرات اندوهبار گذشته را فراموش کنیم.

مادر عاشق گل بود و بیشتر وقت‌ها از گل‌فروشی نزدیک خانه دسته‌گل‌های مورد علاقه‌اش را می‌خرید و در چند گلدان شیشه‌ای در جاهای مختلف خانه پخش و پلایشان می‌کرد. یک‌بار وقتی از کنار گل‌فروشی رد می‌شدم، صاحب آنجا که

پیرمردی خوش‌مشرب بود، پرسید: «چرا مادرتون دیگه از ما گل نمی‌خره؟»

گفتم: «مادرم مریضه وقتی حالش بهتر بشه، دوباره به شما سر می‌زنه.»

بعد از او شب‌بو و مینا خریدم و با شوق به سمت خانه رفتم. وقتی گل‌ها را به اتاق مادر بردم، گونه‌ام را بوسید و گفت:«همه‌ش به فکر منی، یک کمی هم به فکر خودت باش. امیدوارم زودتر بتونم از این تخت بیرون بیام تا با هم بریم اصفهان پیش مجید.»

آن روزها مجید در دانشگاه اصفهان درس می‌خواند و در هر فرصتی که پیدا می‌کرد به تهران می‌آمد تا مادر را ببینید. حضور او حتی وقتی کوتاه می‌آمد و می‌رفت، فضای خانه را تغییر می‌داد و برای مبارزه با بیماری به مادر انگیزه‌ی بیشتری می‌داد.

من هم بالاخره و با زحمت فراوان امتحانات نهایی را از سر گذارندم و توانستم دیپلمم را بگیرم. مادر اصرار داشت همان سال در کنکور سراسری شرکت کنم تا مثل برادرهایم وارد دانشگاه شوم. اما من باز هم بیشترین تمرکزم روی وضعیت او بود و در آن موقعیت نمی‌توانستم به چیزی یا کسی بیشتر از او اهمیت بدهم. دردهایش هر روز شدیدتر می‌شد، طوری که هر شب برایش نوالژین ۵۰۰ تزریق می‌کردند. تشکم را کنار تختش

پهن کرده بودم تا هر زمان به کمک احتیاج داشت، کنارش باشم. حتی زمانی که از شدت خستگی چشم‌هایم خودبه‌خود بسته می‌شد، با کوچک‌ترین صدایی از جا می‌پریدم.

هوا حسابی گرم شده بود. شب‌ها لته‌های قدی پنجره‌ی مشرف به بالکن را باز می‌گذاشتم تا هوا در اتاق گرم و بدون کولر مادر جریان داشته باشد.

در یکی از همین شب‌های بسیار گرم و طاقت‌فرسا مادرم با صدایی لرزان صدایم زد و گفت دلش خیلی درد می‌کند و پیچ می‌زند. برایش لگن بردم. با دیدن مدفوعِ بسیار تیره‌رنگش، دلم لرزید. می‌دانستم این رنگ غیرطبیعی نشانه‌ای از خونریزی داخلی است. ترس و اضطراب در دلم موج می‌زد، امّا به روی خودم نیاوردم. تا صبح بالای سرش نشستم و نگاهش کردم. چندین بار دیگر هم برایش لگن گذاشتم و هر بار اوضاع بدتر از قبل بود. در نور اندکی که از بالکن به اتاق وارد می‌شد، می‌دیدمش که از درد به خود می‌پیچد، اما دم نمی‌زند.

بادبزنی حصیری را خیس می کردم و بادش می‌زدم تا کمی خنک شود. صبح زود، سیما را صدا کردم و او را در جریان وضعیت مادر قرار دادم. ازش خواستم کمی پیش مادر بماند تا بروم و چیزهایی را که برای خانه سفارش داده بودم، از فروشگاه تحویل بگیرم. قبل از این‌که از خانه بیرون بزنم صورت مادر را بوسیدم

و از او پرسیدم چیزی لازم دارد یا نه. مادر خسته و رنگ‌پریده سر تکان داد و زیر لب گفت: «مراقب خودت باش.»

وقتی برگشتم، مسعود روی پله‌ها نشسته بود و سرش را پایین انداخته بود. در دست‌هایم احساس ناتوانی کردم و کیسه‌های خرید را زمین گذاشتم.

«چی شده؟ چرا این‌جا نشسته‌ی؟»

نگاهی کوتاه به من انداخت و گفت: «حالا بیا تو، برات تعریف می‌کنم.»

بی‌حوصله و پریشان صدایم را بالا بردم.

«چی شده؟ برو کنار می‌خوام برم پیش مامان.»

مسعود با صدایی آرام، اما سنگین گفت: «مامان را بردن بیمارستان. من هم منتظر تو موندم تا با هم بریم.»

«کدوم بیمارستان؟»

« بیمارستان مهر تو خیابون زرتشت.»

مادر روی تخت تو راهروی اورژانس بیمارستان از شدت درد به دیوار مشت می‌کوبید و ناله‌های دردناکش فضا را پر کرده بود. من بی‌حرکت ایستاده بودم و این صحنه را تماشا می‌کردم و قدرت حرکت نداشتم. با خشم از پرستاری پرسیدم: «چرا مادرم هنوز توی راهروست؟» گفت اورژانس شلوغ است و اتاق خالی نبوده و چیزی هم گفت درباره‌ی این‌که به زودی جابجایش می‌کنند. من صداها را در هم و بر هم می شنیدم؛ مسعود هم داشت با کسی حرف می‌زد و صدای ناله‌های مادر توی سرم منعکس می‌شد.

من و مسعود خسته و پریشان روی نیمکتی سرد و فلزی نشستیم و در سکوت به صدای قدم‌های شتابزده‌ی پرستارها و ناله‌ی بیماران گوش کردیم. سکوتمان که طولانی شد مسعود آرام و باتردید دستش را روی پایم گذاشت و گفت: «می‌خوام مطلبی رو درباره‌ی مریضی مامان بهت بگم.»

«نمی‌خواد ادامه بدی، خودم همه چیز رو می‌دونم.»

با تعجّب پرسید: «چه چیزی رو می‌دونی؟»

«می‌دونم که مامان سرطان پیشرفته داره و... و احتمالاً روزهای آخریه که...»

تابلوی پنجم: بیان غم

برادرم محکم مرا به آغوش کشید و گفت: «مامان توی این دو سال اخیر خیلی زجر کشیده. بهتره نذاریم بیشتر از این عذاب بکشه. امروز صبح دکتر گفت می‌تونه با تزریق مورفین چند روز دیگه هم اونو زنده نگه داره. نظر تو چیه؟»

« دیگه تحمل درد کشیدن مامان رو ندارم.»

برادرم که سعی می‌کرد به خودش مسلط باشد، گفت به شدت برای مادربزرگ نگران است.

«اون خیلی به مامان وابسته است. باید کمکش کنیم تا کمتر غصه بخوره.»

بعد هر دو بدون حرف و با قدم‌هایی سنگین به تخت مادر نزدیک شدیم. هنوز به‌هوش بود. دست‌هایش را گرفتم و برای آخرین بار، صورت پر از درد و رنجش را بوسیدم و در گوشش زمزمه کردم: « نگران من نباش، مراقب خودم هستم.» دو شب پیش به کسی که آمده بود تا آمپول‌هایش را تزریق کند، گفته بود به شدت نگران من است و نمی‌داند بعد از مرگش چه بر سرم خواهد آمد. گونه‌اش را بوسیدم تا با خیال راحت و ذهنی آسوده ترکمان کند.

من و مسعود مستقیم از بیمارستان به خانه رفتیم. هیچ‌کدام حرفی برای گفتن نداشتیم. مادربزرگ دم در با چشمانی مضطرب ایستاده بود: «بالاخره برگشتین؟ چقدر دیر! حالش چطوره؟» مسعود با صدایی آرام جواب داد نسبت به صبح تغییری نکرده. اما مادربزرگ در التهاب بود و سوال پشت سوال می‌پرسید.

«خب دکتر نگفت چرا یک مرتبه دلش درد گرفته ؟ نگفت کی مرخصش می‌کنن؟ من کی برم دیدنش؟ شما که می‌اومدین بهتر بود؟»

من نمی‌توانستم حرفی بزنم، چون اگر دهانم را باز می‌کردم همه چیز برملاء می‌شد. اما مسعود که همچنان آرام بود، تلاش کرد لبخندی هم چاشنی حرفش کند و گفت: «حالا یه چایی به ما بده تا بگم بهتون.»

مادربزرگ رفت که چای دم کند، اما می‌دیدم که نگاهش گم و سرگردان است. زیر لب نذر می‌کرد و دعا می‌خواند، غافل از این‌که روزهای بدون مادر از همین حالا شروع شده بود و او دیگر هرگز صدای دخترش را نمی‌شنید.

سیما هم در رفت و آمد میان خانه و بیمارستان خسته و پریشان بود. با این حال سعی می‌کرد آرامشش را حفظ کند. در نگاهشان می‌دیدم که حتی بیشتر از مادر نگران حال و اوضاع من‌اند؛ من

تابلوی پنجم: بیان غم

بچه‌ی ته‌تغاری که همیشه تلاش کرده بودند از خبرهای بد و ناگوار دور نگهش دارند، غافل از این‌که مدت‌ها بود در میان نگرانی و اضطراب دست و پا می‌زدم.

سیما دوباره شال و کلاه کرده بود که به بیمارستان برگردد.

«من دارم می‌رم بیمارستان. می‌دونم دلت می‌خواد با من بیایی، امّا باید یک نفر پیش مادربزرگ و بچه‌ها بمونه. اون خیلی نگرانه و نیاز داره کنارش باشی. در ضمن الان هم که مامان توی کماست و نمی‌تونه باهات حرف بزنه و...»

حرفش نیمه‌کاره ماند و چشمانش پر از اشک شد.

«تو فعلاً همین‌جا بمون. هر وقت مامان به‌هوش بیاد بهت زنگ می‌زنم.»

حرفی نزدم. سرم را به نشانه‌ی موافقت تکان دادم. احساس می‌کردم از درون خالی و بی‌جان شده‌ام و سرم از هر فکر و حرفی خالی بود. برایم هر لحظه مثل قرنی می‌گذشت. بارها گوشی تلفن را برداشتم و دوباره سر جایش گذاشتم. هیچ خبری از خواهرم نبود. بی‌قراری‌ام لحظه‌به‌لحظه بیشتر می‌شد، تا جایی که دیگر نمی‌توانستم منتظر بمانم. با دستی لرزان، به دوست صمیمی‌ام زهره که از روز اول دبستان با هم بودیم، زنگ زدم. از

مادر زهره خواهش کردم برای مراقبت از بچه‌ها و بودن کنار مادربزرگ به خانه‌ی ما بیاید تا من بتوانم به بیمارستان بروم.

دم در خانه منتظرشان ایستاده بودم. وقتی دیدمشان، با صدایی بریده و پر از درد گفتم: «امشب مامانم... برای همیشه پرواز خواهد کرد.»

مادر زهره با چهره‌ای مبهوت و حیرت‌زده گفت: «چی می گی؟ دیوونه شدی؟»

«نه. مامانم خیلی وقته که مریضه... خیلی وقته که سرطان رمقش رو گرفته... »

صدای قدم‌های مادربزرگ را شنیدم که به ما نزدیک می‌شد و حرفم را خوردم. مادربزرگ هم کم‌حرف شده بود و دیگر زیاد سوال نمی‌کرد خیلی آرام گفت: «سیما پشت خطه. می‌خواد با تو صحبت کنه.»

مادر به‌هوش آمده بود و آدم‌ها را می‌شناخت. دیروقت بود اما باید خودم را به بیمارستان می‌رساندم. در فکر بودم که تنهایی تاکسی بگیرم و بروم یا از کسی بخواهم که همراهی‌ام کند که پرهیب جوانی را دیدم که ساک به دست، از انتهای کوچه‌ی تاریک به خانه نزدیک می‌شد؛ مجید بود که از اصفهان برگشته

تابلوی پنجم: بیان غم

بود. شادی دیدن مجید در آن موقعیت تلخ، برای لحظه‌ای لبخند به لبم آورد.

وقتی به بیمارستان و اتاق مادر رسیدیم، دوباره به کما رفته بود. مدتی کنار تختش ایستادیم و سرانجام دست از پا درازتر و با دل‌هایی شکسته به خانه برگشتیم.

خانه در سکوتی غم‌انگیز فرو رفته بود. مادربزرگ رختخواب خودش، من و دو کودک سیما را در همان اتاق مادرم پهن کرده بود. بچه‌ها هنوز بیدار بودند و از من خواستند برایشان قصه‌ای بخوانم. با صدایی آرام و خسته داستانی کوتاه برایشان تعریف کردم تا کم‌کم چشمان همه بسته شد. ناگهان از خواب پریدم. قلبم سنگین بود، انگار چیزی مرا از خواب بیرون کشیده بود. نفس‌نفس‌زنان گفتم: «مادربزرگ... مامان مُرد.»

مادربزرگ گفت: «چی می‌گی؟ حتماً خواب دیدی.»

اما همان موقع شنیدیم که در طبقه‌ی پایین هم سر و صدایی برپاست. خاله و بقیه با چشمان سرخ و چهره‌های گرفته توی هال جمع شده بودند. پاهای مادربزرگ با دیدن آن‌ها سست شد و همان‌جا روی پله‌ها نشست.

من هم بی‌صدا در گوشه‌ای نشستم و زانوهایم را بغل گرفتم. در سرم تصویری از خودم را می‌دیدم که با بادبزن حصیری مادر را باد می‌زدم. می‌دیدم که در اطرافم تکاپویی برپاست؛ وسایل شخصی مادر را جابجا می‌کردند، تختخوابش را جمع می‌کردند و همراه بقیه‌ی چیزها به اتاق دیگری می‌بردند. اما من همچنان با بادبزن حصیری صورت عرق‌کرده‌ی مادر را باد می‌زدم.

شب به پایان رسید و خورشید طلوع کرد و من متوجه گذشت زمان نبودم. مجید را دیدم که با گلدانی گل‌سرخ وارد خانه شد، پله‌ها را بالا رفت و گلدان را به جای تختخواب مادر گذاشت. می‌خواست جای خالی او را با چیزی زیبا پر کند، اما من در آن لحظه چنین چیزی را به عنوان پذیرش ساده‌ی نبودن او تلقی کردم و با خشم به گلدان هجوم بردم و آن را به دیوار کوبیدم و بی‌هوش بر زمین افتادم.

وقتی با پاشش خنک قطرات ریز آب چشمانم را گشودم، از احساس انقباض در دندان‌ها و فکم وحشت کردم. مسعود با تمام زورش تلاش می‌کرد فکم را باز کند و سرانجام موفق شد تا راهی باز کند برای خروج هق‌هقم و صدای ضعیفم که می‌گفت: «پس من برای کی لگن بذارم؟ برای کی آب پرتقال بگیرم؟»

تابلوی پنجم: بیان غم

خودم چیز زیادی از این لحظات دردناک به خاطر ندارم اما بعدها شنیدم که دکتر خبر کرده بودند و مرا به زور تزریق والیوم خوابانده بودند. بیست‌وچهار ساعت خوابیده بودم. خوابی عمیق که بیشتر به ترک دنیا و چشم بستن به واقعیات دردناک شبیه بود. وقتی بیدار شدم خانه پر از هیاهو بود و اطرافیان در تکاپوی مراسم کفن و دفن مادر بودند. پس همه‌ی این چیزها واقعیت داشت. امیدوار بودم خواب بدی دیده باشم.

مادرم آرزو داشت پس از مرگ، در کنار پدرم آرام گیرد و در قبر او به خاک سپرده شود. اما این خواسته به دلیل قوانین ممکن نبود؛ می‌بایست حداقل سی سال از زمان مرگ پدر می‌گذشت تا امکان تحقق آرزوی مادر فراهم شود، اما آن زمان از مرگ پدر نوزده سال می‌گذشت. ما حتی نتوانستیم مادر را در همان قبرستان محل دفن پدر به خاک بسپاریم چون آنجا پر شده بود و ظرفیت پذیرش تن‌های بیشتری را نداشت. به ناچار خاکسپاری در قبرستانی دورتر اتفاق افتاد.

چهل‌وهشت ساعت از مرگ مادر می‌گذشت و آمبولانس حامل پیکر او به سمت قم در حرکت بود. از جاده‌های خاکی و باریک و روستاهای زیادی گذشتیم و پیش از ورود به قبرستان، آمبولانس و مشایعت‌کنندگان در کنار حرم حضرت معصومه

توقف کردند. من با ضجه و التماس از اطرافیان خواهش می‌کردم که بگذارند یک بار دیگر مادرم را ببینم، اما به نظر همه ایده‌ی بدی بود و باعث می‌شد حال بدم تشدید شود. مجید اما خیلی محکم و با اطمینان اعلام کرد که من حق دارم مادرم را ببینم. در برابر اعتمادبه‌نفس و شیوه‌ی برخوردش بقیه ساکت ماندند و نگاه کردند که مجید در عقب آمبولانس را باز کرد، اول خودش داخل شد و بعد مرا صدا کرد و دستم را گرفت تا بالا بروم.

«بیا بالا، بیا بالا و با مامان خداحافظی کن.»

وارد آمبولانس شدم. با دستان لرزان، از روی ترمه‌ای که روی جنازه کشیده شده بود، مادرم را لمس و نوازش کردم و برای چند لحظه سرم را روی شکم او گذاشتم. دلم می‌خواست آن لحظه تا ابد طول بکشد اما مجبور بودم رهایش کنم.

پیکر مادر زیر خروارها خاک آرام گرفت. انگار سال‌های انتظار به پایان رسید و سرانجام توانست کنار پدر به آرامش برسد و به او بگوید: «تا جایی که در توان داشتم به عهدم وفا کردم و فرزندانمان را از آب و گل درآوردم. بعد از این دیگر با خودشان است.»

تابلوی پنجم: بیان غم

سال‌ها پیش، در بیست‌سالگی، وقتی برای اولین بار سنگ قبر مادرم را دیدم، اندوهی عمیق قلبم را در بر گرفت؛ غمی که هیچ کلامی یارای توصیفش نبود. سایه‌ی سنگین فقدانش سال‌ها بر دل و جانم سنگینی کرد، تا این‌که کارتاسیس، این رهایی عاطفی، به یاری‌ام آمد و مرا آرام آرام از غبار آن روزهای تیره بیرون کشید. این فرآیند پالایش درونی، که در روان‌شناسی به‌عنوان راهی برای تسکین احساسات سرکوب‌شده شناخته می‌شود، به من آموخت چگونه با درد مواجه شوم. زیگموند فروید و ژوزف برویر در نظریه‌ی روانکاوی خود نشان دادند که ابراز احساسات نهفته، از طریق صحبت یا یادآوری خاطرات دردناک، می‌تواند علائم عاطفی را کاهش دهد. من نیز با نقاشی ابریشم، که بستری برای بیان خاموش احساساتم شد، توانستم غمم را به رهایی تبدیل کنم. این تجربه نه تنها مرا با زخم‌هایم آشتی داد، بلکه فضایی برای آرامش و التیام در درونم گشود.

کاتارسیس، چه در گفت‌گودرمانی، هنردرمانی یا نوشتن خاطرات، و چه در همذات‌پنداری با شخصیت‌های یک رمان یا یک ملودی، به ما امکان می‌دهد با احساسات عمیق و ناخودآگاه خود مواجه شویم. این فرآیند، هنگامی که با درد و غم درمی‌آمیزد، به تصفیه‌ای عاطفی می‌انجامد که نه‌تنها رهایی می‌آورد، بلکه التیامی ژرف به همراه دارد. من آموختم که وقتی احساساتمان را آزادانه بیان می‌کنیم، چه با قلم‌مو بر بوم، چه با

رنگ و راز

واژه‌ها بر کاغذ، به آرامشی دست می‌یابیم که فراتر از توصیف است. کاتارسیس به من نشان داد که حتی در تاریک‌ترین لحظات، می‌توان نوری از امید یافت و از میان اندوه، به سوی التیام و بازسازی خویش گام برداشت. این، شاید بزرگ‌ترین هدیه‌ای است که هنر و روان ما می‌توانند به یکدیگر ارزانی دارند؛ امکانی برای دوباره زیستن، با قلبی سبک‌تر و روحی آزاد.

سراسر غرق در اندوه و ناله

نگه کرد و بدید

که از قاصدک چیزی نمانده

تابلوی ششم:

تنهایی

این تابلو حکایت‌گر روزهای پس از مرگ مادرم است؛ روزهایی که به کوه پناه می‌بردم و دردم را با فریاد به صخره‌ها می‌سپردم؛ صخره‌هایی تیز و بلند که با بافت خشن و رنگ‌های خاکستری، قهوه‌ای تیره و روشن و سایه‌های آبی سر به آسمان کشیده بودند.

روی صخره‌ای نشسته‌ام. بلوز و شلواری مشکی به تن دارم و با پشتی خمیده به رودی خروشان در عمق دره خیره شده‌ام. رود، آبی تیره با کف‌های سفیدش مواج و غرنده به نظر می‌رسد. نور نارنجی غروب از شکاف صخره‌ها سرک کشیده و سایه‌های بلند ساخته. آسمان پر از ابرهای پراکنده، غرق رنگ‌های سرد است اما نوار باریک نارنجی در افق گرمایی ملایم و امیدی شکننده را نوید می‌دهد.

این تابلو آمیزه‌ای است از غم ژرف فقدان مادر و آرامشی که از پناه بردن به طبیعت وام گرفته‌ام.

من و رود با هم نجوا می‌کنیم.

رنگ و راز

مسعود ازم پرسیده بود که هدفم از دانشگاه رفتن چیست.

«فقط مدرک می‌خوای یا می‌خوای واقعاً چیزی یاد بگیری؟»

این را زمانی گفت که دید به خاطر پذیرفته نشدن در دانشگاه زانوی غم بغل گرفته بودم و فکر می‌کردم که چه کنم. وقتی سکوتم کشدار شد، با خنده گفته بود: «پاشو! اصلاً فکرش رو هم نکن. فردا صبح با هم می‌ریم کتابخونه‌ی دانشگاه. شروع کن به مطالعه در هر زمینه‌ای که علاقه داری. این مهمه که آدم زمینه‌های مورد علاقه‌ش رو بشناسه و در موردشون مطلب بخونه و دانشش رو زیاد کنه.»

حرف‌ها و برخوردش کمی آرامم کردند. در واقع رتبه‌ام چندان هم بد نبود، امّا رشته‌هایی که انتخاب کرده بودم، امتیاز بالاتری می‌خواستند. علاوه بر این، آن سال اولین سالی بود که معدل

امتحانات نهایی دبیرستان تأثیر زیادی بر قبول شدن در کنکور می‌گذاشت که من هم به خاطر وضعیتی که در خانه حاکم بود، معدل چندان خوبی نداشتم.

به نبودن مادر در خانه هم هنوز عادت نکرده بودم، بنابراین رفتن به کتابخانه و کوهنوردی روزهای جمعه کمکم کردند تا روحیه‌ی از دست رفته‌ام را دوباره به دست بیاورم.

هر جمعه صبح زود بیدار می‌شدم و با اتوبوس به میدان تجریش و از آن‌جا تا اول خیابان دربند می‌رفتم. سربالایی خیابان را طی می‌کردم و در میدان سربند که به نام میدان کوهنورد نامگذاری شده بود، منتظر دوستانمان می‌ماندم. مسعود و مجید هم گاهی همراهم می‌آمدند.

در وسط میدان سربند، مجسمه‌ای سه‌متری کار رضا لعل ریاحی نصب شده بود که هنوز هم پا برجاست؛ مردی بلندبالا با کوله‌ای بر دوش و عصای کوهنوردی در دست که برای صعود چهره‌ای مصمم داشت. شنیده بودم امیر شاه‌قدمی مدل این مجسمه‌ساز بوده، چتربازی حرفه‌ای و مربی کوهنوردی که چند سال بعد اسمش بیشتر هم سر زبان‌ها افتاد، وقتی هواپیمایی آمریکایی در زردکوه سقوط کرد و حتی تیم نجات آلمانی هم نتوانستند برای نجات بازماندگان کاری بکنند، شاه‌قدمی در ارتفاع بسیار بالا و دمای منفی سی درجه جان دو نفر را نجات داد. گاهی وقتی پای

رنگ و راز

این مجسمه منتظر بقیه می‌ماندم، به این فکر می‌کردم که درمیان رشته‌های هنری به چه کاری بیشتر علاقمندم. نقاشی را دوست داشتم و تقریباً همان موقع‌ها می‌دانستم که مسیر زندگی‌ام به نقاشی مرتبط است.

دیگران که می‌رسیدند می‌افتادیم در مسیر توچال. معمولاً در دوراهی اسون خستگی در می‌کردیم و به سمت پس‌قلعه و آبشار دوقلو راهمان را ادامه می دادیم. گاهی در قهوه‌خانه‌ای نان و پنیر و خرما می‌خوردیم، اما مقصدمان شیرپلا بود و خیلی معطل نمی‌کردیم چون فاصله‌ی زیادی از آبشار دوقلو نداشت. کنار پناهگاه شیرپلا تخته‌سنگی بسیار بزرگ و سیاه‌رنگ قرار داشت که بسیار صیقلی بود و به سختی می‌توانستم از آن بالا بروم. اسمش را گذاشته بودم کوسنگی! قسمت‌هایی از مسیر، بین آبشار دوقلو و شیرپلا، آن‌قدر باریک می‌شد که اگر تکنیک‌های کوه‌نوردی را نمی‌دانستم، به ته دره پرتاب می‌شدم.

جز کوه‌نوردی، کتابخانه‌ی ملی و خواندن کتاب‌های روانشناسی دلخوشی دیگرم بود. مدتی به همین صورت سر کردم تا روزی که سعید پیشنهاد داد برای عوض کردن حال و هوایم مدتی به پاریس بروم. هنوز چهلم مادر فرا نرسیده بود و من به هیچ‌وجه علاقه‌ای به سفر نداشتم. اما سعید که بعد از مادر بسیار شبیه او می‌اندیشید و تصمیم می‌گرفت، گفت: «ما تو هر شرایطی باید

تابلوی ششم: تنهایی

کاری رو که درسته انجام بدیم. یادته مامان همیشه اینو می‌گفت؟»

حرف‌هایش مرا یاد روزی انداخت که به دیدن دوستان قدیمم در محله‌ی سابقمان رفته بودم، اوّل به دیدن مهناز و بعد به خانه‌ی پریسا. پریسا و دوستش با شیطنت گفتند من به خاطر برادرهای مهناز به خانه‌ی آن‌ها رفت‌وآمد می‌کنم و من خشمگین و برآشفته به خانه برگشتم و به مادرم گفتم دیگر به خانه‌ی مهناز نخواهم رفت، اما مادر خیلی آرام و خونسرد گفت: «نباید به حرف اونا اهمیت بدی، همیشه کاری رو انجام بده که به نظرت درسته.»

سعید با زوجی که هر دو از صمیمی‌ترین دوستان دوران کودکی‌اش بودند، تماس گرفت و درباره‌ی سفرم با آن‌ها مشورت کرد و قرار شد در پاریس مدتی پیششان بمانم.

با این‌که به محض رسیدنم به آن‌جا جمعی از دوستان قدیم سعید حامیانه مرا در میان گرفتند، اما نه تنها از دلتنگی‌ام کاسته نشد که روز به روز بیشتر یاد مادر افتادم و غمی سنگین در دلم لانه کرد. دلم می‌خواست زودتر به تهران برگردم. به مینو که در طول دو هفته اقامتم در خانه‌اش میزبانی خوشرو و مهربان بود، گفتم: «می‌خوام برگردم. لطفا مدارکم رو بهم بده.»

رنگ و راز

سعید پول و پاسپورتم را به مینو سپرده بود. این هم از آن نوع شیوه‌های مدیریت مادرم بود که شاید همه‌مان اندکی از آن را به ارث برده بودیم. مینو دور از چشمم به سعید خبرداده بود که می‌خواهم به تهران برگردم و دو، سه روز بعد سر و کله‌ی سعید پیدا شد و از همان‌جا فهمیدم که او عزمش را جزم کرده که من در پاریس بمانم و فعلاً به تهران برنگردم.

شبی را که سعید آمد، خوب و واضح به خاطر دارم؛ احساس می‌کردم سال‌ها از خانواده دور بوده‌ام. خودم را به آغوشش انداختم و با ذوق پرسیدم: «کی برمی‌گردیم خونه؟»

حالا که به آن احساس و آن موقعیت فکر می‌کنم، گمانم نگاهم به سعید شبیه نگاه دختربچه‌ای به پدرش بود. رفتار او هم البته این احساس را دامن می‌زد. به موهایم دست کشید و گفت: «حالا بذار خستگی راه از تنم در بیاد، بعد در موردش حرف می‌زنیم. خب، بگو ببینم، تو این دو هفته‌ای که این‌جا بودی، چه کارهایی انجام دادی؟»

کار زیادی انجام نداده بودم، یا خانه بودم یا در اطراف خانه پیاده‌روی کرده بودم. اما سعید انتظار داشت زندگی اجتماعی فعالانه‌تری را برای خودم تعریف کنم و شروع کنم به یاد گرفتن زبان. برای همین یک‌بار خیلی ناگهانی و بی‌مقدمه ازم خواست به قنادی نزدیک خانه بروم و نان بخرم.

«من که فرانسه بلد نیستم.»

«یاد می‌گیری.»

«لازمه یاد بگیرم؟»

«خوبه که یاد بگیری. فعلا فقط این جمله رو حفظ کن Une baguette, s'il vous plait»

تمام راه با خودم آن جمله را تکرار می‌کردم. وقتی نان را خریدم و به خانه برگشتم احساس می‌کردم قله‌ای را فتح کرده‌ام.

دوباره از سعید در مورد زمان بازگشتمان به تهران پرسیدم اما پاسخش دلسردم کرد.

«من دو، سه روز دیگه برمی‌گردم، اما تو فعلاً این‌جا بمون.»

«چرا؟»

وقتی این را ازش می‌پرسیدم ذهنم با سرعتی بیشتر از حرف‌هایمان در تکاپو بود که بفهمد چه در سر سعید می‌گذرد و حضور من در تهران چه عیب و ایرادی ممکن است داشته باشد، چرا باید از خانه دور باشم؟

سعید هم در تلاش بود که بهترین کلمات و جمله‌ها را برای بیان فکرش پیدا کند. لحنش مثل همیشه مهربان بود اما حین گفت این حرف‌ها، چینی ظریف میان دو ابرویش افتاده بود.

«ببین... راستش گفتنش سخته اما حالا دیگه نه پدر هست و نه مامان... و توی تهران همه مشغول زندگی خودشون هستن. اگه به اونجا برگردی، تنها می‌مونی. هر جا بخوای بری زیر ذره‌بین خواهی بود. باید برای هر کاری به دیگران توضیح بدی. غم از دست دادن مامان یه طرف، نگاه‌های اطرافیان از طرف دیگه به تو فشار خواهند آورد. می‌دونی چی می‌گم؟ من می‌خوام تو بدون ترس از قضاوت آدم‌ها بتونی هر کاری که دلت می‌خواد انجام بدی. به نظر من بهتره همین‌جا تو پاریس بمونی و به تحصیل ادامه بدی. امروز که گذشت، فردا یکشنبه‌ست و همه‌جا تعطیله، امّا پس فردا با هم می‌ریم Alliance Française و توی ابتدایی‌ترین دوره‌ش ثبت‌نام می‌کنیم. و در ضمن، من مسیرهای لازم رو با مترو و اتوبوس بهت نشون می‌دم. دو یا سه هفته‌ی دیگه دوباره بهت سر می‌زنم. اما ازت می‌خوام که با جدیت زبان بخونی. این رو هم باید بهت بگم که هر وقت خیلی دلتنگ شدی، بهم بگو تا برات بلیت بگیرم و برای یکی، دو هفته به تهران بیایی. این‌طوری می‌تونی مادربزرگ و بقیه خانواده رو، به‌خصوص بچه‌های سیما رو که خیلی دوستشون داری، ببینی.»

تابلوی ششم: تنهایی

با دقت به حرف‌هایش گوش می‌دادم و برایم جالب بود که بدانم از کی به این چیزها فکر کرده و این برنامه‌ها را چیده. دوست نداشتم آنجا بمانم. در همین دو هفته دلم برای تهران و خانه و همه‌چیز تنگ شده بود اما از طرفی هم حق داشت؛ از نظر دیگران بهترین کار برای دختری به سن من ازدواج است. حالا که مادر رفته بود و در دانشگاه هم پذیرفته نشده بودم، دیگر بهانه‌ای نداشتم. بنابراین، برخلاف خواسته قلبی‌ام، تصمیم گرفتم در پاریس بمانم.

برای این‌که غم و غصه را در چهره‌ام نبیند، حرف را عوض کردم و از مراسم چهلم مادر پرسیدم. گفت با مشورت مادربزرگ مراسم مفصلی برگزار نکرده‌اند و به جایش غذا و میوه و نان و خرما و حلوا را بسته‌بندی کرده‌اند و به دست مستمندان رسانده‌اند. لبخند زدم چون مطمئن بودم مادر هم این کار را تأیید می‌کرد و می‌پسندید.

هر روز با مترو و اتوبوس به کلاسم می‌رفتم. فاصله‌ی خانه تا آنجا خیلی زیاد بود، چون آلیانس در میانه‌ی شهر بود و خانه‌ی مینو در حومه قرار داشت. چند هفته از شروع کلاس‌ها در آلیانس می‌گذشت و حالا می‌توانستم کمی دست‌وپا شکسته

فرانسه حرف بزنم. هر جا هم که گیر می‌کردم، کاغذ و مداد را در می‌آوردم و با نقاشی منظورم را می‌رساندم.

یک روز در راه برگشت به خانه، سوار متروِ خلاف جهت شدم. قطار هرچه می‌رفت، به ایستگاه مورد نظرم نمی‌رسید. از توقف طولانی قطار فهمیدم به آخر خط رسیده‌ایم و مجبور شدم پیاده شوم. نگران و دستپاچه سراغ مأموری رفتم و تلاش کردم مشکلم را برایش توضیح بدهم. اما آن مرد که چشم‌هایی ریز و نزدیک به هم داشت، خیلی سریع و با لهجه‌ای غلیظ حرف می‌زد و هر چه می‌کردم چیزی از حرف‌هایش نمی‌فهمیدم. دوباره پرسیدم چطور باید به ایستگاه Porte de Vanves بروم. مرد دوباره با همان شیوه توضیح داد و من باز هم گیج شدم و چیزی نفهمیدم. کاغذ و مدادم را به او دادم و ازش خواستم نام ایستگاه‌های مسیر بازگشتم را برایم بنویسد و بالاخره توانستم با تأخیر زیاد به خانه برسم.

وقتی از آخرین ایستگاه مترو بیرون آمدم، دیروقت بود و هوا داشت تاریک می‌شد، با عجله به سمت خانه‌ی مینو می‌دویدم که در پیاده‌رو با او رخ‌به‌رخ شدم. ازش پرسیدم: «کجا می‌ری؟» ناباورانه نگاهم کرد و دیدم اضطراب در چشم‌هایش جایش را به خوشحالی داد. گفت: «دنبال تو.» داستان گم شدنم را برایش تعریف کردم و دستخط مأمور مترو را نشانش دادم و خندیدیم

تابلوی ششم: تنهایی

اما خنده‌های من از ته دل نبودند، خنده‌هایم راهی بودند برای پنهان کردن ترس‌ها و دلتنگی‌هایم.

بار دیگر که سعید از تهران به دیدنم آمد، از جدیتم در یاد گرفتن زبان فرانسه خشنود شد و تصمیم جدیدم را با او در میان گذاشتم؛ می‌خواستم بیش از این سربار دوستانش نباشم و به شهر ویشی بروم.

«اونجا یه کالج زبان خیلی خوب به اسم کاویلام (CAVILAM) هست که پنج ساعت در روز زبان رو به شکل سمعی و بصری تدریس می‌کنن. دوستم فریبا هم اونجاست، پس تنها نمی‌مونم. البته شهریه‌ی مدرسه کمی زیاده. شنیدم که بچه‌های اونجا بورسیه‌ی دولت‌هاشون هستن و حتی یه فرانک هم نمی‌پردازن، ولی برای من خیلی گرون تموم می‌شه.»

سعید وقتی که دید برای رفتن مصمم هستم، مخالفتی نکرد. نگران محل اقامتم بود و نگران اینکه برای حل مشکلاتم دست‌تنها نمانم. خیالش را راحت کردم که کارها را راست‌وریس خواهم کرد و او را بی‌خبر نخواهم گذاشت.

با قطار راهی شهر ویشی شدم؛ شهری که قرار بود شروعی تازه برای زندگی‌ام باشد، از پاریس چهارصد کیلومتر فاصله داشت.

خاطره‌ی گم‌شدنم باعث شده بود حسابی محتاط شوم. نقشه‌ای را در دست گرفته بودم و با هر توقف قطار نام ایستگاه را روی نقشه علامت می‌زدم تا بدانم چند ایستگاه دیگر باید پیاده شوم. از شهرها و روستای کوچک گذشتیم. کم‌کم وسایلم را جمع وجور کردم چون به ویشی نزدیک می‌شدیم.

ساعت کمی از پنج بعد از ظهر گذشته بود که قطار در ایستگاه مقصدم توقف کردم. با چمدانی که برای جثه‌ی کوچکم بزرگ و سنگین به نظر می‌رسید، پیاده شدم. حس عجیبی داشتم؛ ترکیبی از خوشی بابت استقلالم و اضطراب بابت بی‌خبری‌ام از آینده و روزهایی که در پیش داشتم. زیاد طول نکشید که مدرسه‌ی زبان کاویلام را پیدا کردم. راننده‌ی تاکسی که مردی خوشرو با موهای جوگندمی بود، موقعی که چمدانم را از صندوق عقب اتومبیلش بیرون می‌آورد، متوجه نگاهم به درِ بسته‌ی مدرسه شد و ازم پرسید منتظرم بماند یا نه. من که فکر می‌کردم هر طور شده فریبا را پیدا خواهم کرد، کرایه‌اش را حساب کردم و گفتم نیازی به ماندنش نیست.

چند دقیقه به چمدان سنگینم تکیه دادم. چشمانم به درِ بزرگ شیشه‌ای دوخته شده بود و هزاران فکر در سرم می‌چرخید. دنبال زنگ می‌گشتم یا دری دیگر که بتوانم وارد مدرسه شوم که در شیشه‌ای به کناری رفت و زنی میانسال با پوست روشن، موهای قهوه‌ای و کت و دامن سرمه‌ای بیرون آمد. زن متعجب به من و

تابلوی ششم: تنهایی

چمدانم نگاه کرد. گفتم: «خانم، لطفاً کمکم کنین. من دنبال دوستم، فریبا، می‌گردم شما اونو می‌شناسین؟»

کمی فکر کرد و گفت: «بله، البته که می‌شناسم! من منشی مدرسه در بخش ثبت‌نام دانشجویانم. احتمالاً می‌توانی فریبا رو توی کلوپ مدرسه پیدا کنی. معمولاً بچه‌ها بعد از تمام شدن کلاس‌ها به اونجا می‌رن.» چمدان‌به‌دست به سمتی که نشانم داده بود، راه افتادم. در بین راه به دختری جوان با چهره‌ی شرقی برخوردم و با صدایی بریده بریده و خسته از او پرسیدم فریبا را می‌شناسد یا نه. قبل از اینکه جوابی بدهد صدای آشنای فریبا را شنیدم. هر دو جیغ کشیدیم. بی‌اختیار می‌خندیدیم و اشک می‌ریختیم. کمکم کرد تا چمدان را کشان‌کشان به سمت خانه‌اش ببریم. گفت با دختری افغان هم‌اتاق است و خودش برای رفتن به دانشگاه مجبور است به زودی به شهر کلرمون نقل مکان کند، اما من می‌توانم موقتاً با دوستش، پروین، هم‌اتاق بشوم. وقتی قیافه‌ی گرفته‌ام را دید توضیح داد که کلرمون فقط چهل دقیقه با ویشی فاصله داد و تمام آخر هفته‌ها می‌توانیم هم را ببینیم و با هم باشیم.

چند روزی را پیش فریبا و پروین ماندم و بعد سوییتی کوچک نزدیک مدرسه پیدا کردم. اتاقی ساده بود با آشپزخانه‌ای کوچک که نور خوبی داشت و همین برای من کافی بود. نوزده‌ساله بودم و هزاران کیلومتر دور از خانه و خانواده‌ام، در شهری کوچک

طعم استقلال را می‌چشیدم. اولش برایم سخت بود، خیلی سخت اما وقتی به تنهایی‌ات عادت کنی و یاد بگیری که مسئولیت زندگی‌ات را به عهده بگیری، کم‌کم از آن خوشت می‌آید.

چند هفته بعد، تلگرامی از مینو دریافت کردم. خبر داده بود که سعید به دیدنم خواهد آمد و آدرسم را در ویشی می‌خواست. موقع آمدن سعید، برای استقبالش به ایستگاه قطار رفتم. در چشمانش می‌دیدم که از تغییراتم در طول یک ماهی که مرا ندیده بود، شگفت‌زده است. برایش پرحرفی می‌کردم و درباره‌ی همه چیز توضیح می‌دادم. سعید با لبخند گوش می‌داد و حین گوش دادن اتاقم را وارانداز می‌کرد. وقتی فهمید سویتم حمام مستقل ندارد پرسید: «جای بهتری پیدا نکردی؟»

«اون موقع مجبور بودم با عجله جایی رو پیدا کنم و خیلی نگشتم، اما چرا جاهای بهتری رو هم می‌شه گرفت. یه هتل خیلی خوب همین نزدیکی هست که چند طبقه‌اش رو به دانشجوهای کاویلام اجاره می‌ده. هر اتاقش سرویس بهداشتی کامل داره و یه آشپزخونه‌ی کوچک و مجهز با همه‌ی ظرف و ظروف، دو تا تخت یه‌نفره و یه میز تحریر. از استخر و کافی‌شاپ هتل هم می‌تونیم استفاده کنیم. همه چیزش خیلی خوبه.»

تابلوی ششم: تنهایی

سعید نگاهی به من انداخت و به شوخی گفت: «پس تو برای چی هنوز این‌جایی؟»

«اتاق‌هاش پر بود، امّا دیروز بهم خبر دادند که از اوّل ماه آینده یه اتاق خالی می‌شه. دارم بهش فکر می‌کنم. هرچند یه کم گرون‌تر از این‌جاست، ولی به نظرم می‌ارزه».

«هر کمکی لازم داشتی، روی من حساب کن.»

«خیالت راحت باشه. من این‌جا یاد گرفتم چطور بودجه‌بندی کنم. با همون پولی که هر ماه برام می‌فرستی، کلی هم پس‌انداز کردم.»

صبح زود روز بعد، وقتی هنوز هوا روشن نشده بود، سعید برای خداحافظی بغلم کرد و رفت که خودش را به قطار پاریس برساند. دیدارش کوتاه بود اما همان هم به تنم جانی تازه بخشیده بود تا با انرژی بیشتر به کارها و درس‌هایم برسم.

آپارتمان جدیدم تمیز و دلنشین بود. سرویس بهداشتی مستقل و آشپزخانه‌ی کامل، حس اطمینان و اعتمادبه‌نفس را در من بیدار کرده بود. از بالکن خانه‌ام، ویشی، شهری در قلب فرانسه، با منظره‌ای زنده و زیبا پیش چشمانم جان می‌گرفت. هر روز، برای رفتن به مدرسه، از پلی باشکوه روی رودخانه‌ی الیه L'allier

رنگ و راز

عبور می‌کردم. گاهی روی پل توقف می‌کردم، به پارک سرسبز و درختان تنومندش چشم می‌دوختم و در آرامش آن منظره غرق می‌شدم. نسیم خنک رودخانه صورتم را نوازش می‌کرد، صدای آرام آب به گوشم می‌رسید و رهگذران، پیاده یا سوار بر دوچرخه، انگار همه در زیبایی ویشی گم شده بودند. ویشی، در کنار رودخانه‌ی الیه با طبیعت دست‌نخورده و زیبایش از گذشته‌های دور مقصدی برای آرامش و درمان بوده است. در قرن نوزدهم، به خواست ناپلئون سوم، این شهر به شکوفایی رسید و با چشمه‌های آب درمانی، معماری دلفریب و فضای شهری دل‌انگیز، شهرتی جهانی پیدا کرد. امروز، ویشی یکی از برجسته‌ترین مراکز آب‌درمانی اروپا به شمار می‌رود و گردشگران بسیاری را برای بهره‌مندی از آب‌های معدنی‌اش به سوی خود می‌کشاند.

سرایدار گفته بود اگر چیزی لازم داشتم بروم سراغش. کتری و قوری لازم داشتم و عین چیزی را که می‌خواستم برایش کشیدم. اینکه نیازها و درخواست‌هایم را با نقاشی بیان کنم، از همان موقع‌ها عادتم شد. دیگر مشکل زبان نداشتم، اما با تصویر کردن چیزهایی که در سرم بود و شکل و شمایلی که مد نظرم بود، خیلی سریع پیامم را منتقل می‌کردم. نقاشی زبان مشترکی بود که سن و سال و ملیت نمی‌شناخت و این برایم بسیار جذاب بود.

تابلوی ششم: تنهایی

کتری و قوری برایم فراهم شد و خودم را به اولین چای و بیسکویتم در خانه‌ی جدید، مهمان کردم.

تابلوی هفتم:

چرخه‌ی حیات

این تابلو سفری است از جرقه‌های آغازین حیات تا شکل‌گیری ساختارهای پیچیده و چندلایه. در سمت راست تابلو مربع‌های درخشان و نورانی، نماد بذرهای خلاقیت‌اند؛ ذراتی کوچک، اما سرشار از پتانسیل آفرینش. خطوط سیال و روان، چون رگ‌هایی حامل انرژی، این مربع‌ها را به سوی فرم‌های پیچیده‌تر هدایت می‌کنند.

این عناصر اولیه به‌تدریج و با ظرافت به اشکالی بزرگ‌تر و عمیق‌تر تحول می‌یابند و روایتی از بلوغ، تکامل و رشد را بازگو می‌کنند؛ سفری از سادگی به پیچیدگی، از امکان به واقعیت.

«چرخه‌ی حیات» تأملی است درباره‌ی نیروی زندگی و چرخه‌ی بی‌پایان جهان. مربع‌های کوچک و خطوط انرژی، جرقه‌های خلاقیت، دانه‌های حیات، یا نسل‌های نوین‌اند که در روشنایی امید زاده می‌شوند و با شوری بی‌وقفه به سوی ساختارهای بزرگ‌تر، تمدن‌ها، اندیشه‌ها، یا موجودات بالغ، روان می‌شوند. این نقاشی آینه‌ای است که مرا منعکس می‌کند و دعوتی است تا هر مخاطبی در این چرخه‌ی بی‌پایان، داستان شخصی‌اش را

رنگ و راز

جست‌وجو کند و در خطوط و رنگ‌های آن، روایت خود را بیابد.

تابلوی هفتم: چرخه‌ی حیات

حدود هفت ماه از آمدنم به فرانسه می‌گذشت و دلم حسابی برای خانه و خانواده تنگ شده بود. تصمیم گرفتم برای عید نوروز به تهران برگردم. برخلاف همیشه که همه چیز را با سعید و بقیه چک می‌کردم این‌بار می‌خواستم همه را غافلگیر کنم اما خودم غافلگیر شدم.

ساعت کمی از هشت شب گذشته بود که هواپیما در فرودگاه مهرآباد به زمین نشست. فقط یک ساک دستی برداشته بودم تا در فرودگاه برای دادن و تحویل گرفتن بارم معطل نشوم. تهران آن سال‌ها با این‌که هنوز تبدیل نشده بود به هیولای این سال‌ها، اما از همان‌موقع هم خصایص امروزش را داشت؛ بوی گازوییل و دود اگزوز ماشین‌ها، ازدحام جمعیت، مشاجره‌های لفظی و صف‌های بی‌نظم برای تاکسی گرفتن و چانه‌زدن‌های بی‌پایان به استقبالم آمدند و رسیدنم را به وطن خوشامد گفتند. در خانه اما، کسی منتظرم نبود و هر چه زنگ زدم کسی در را باز نکرد.

حتی از همسایه‌ای که معمولا کلید خانه‌امان را داشت، خبری نبود. نگرانی به جانم افتاد. روی پله‌ی ورودی خانه نشستم و چشم به راه ماندم تا کسی از راه برسد تا بفهمم چرا عید نوروز خانه و کوچه این همه بی‌رنگ و بوست.

خسته بودم و ساکم را گذاشته بودم زیر آرنجم و پلک‌هایم کم‌کم سنگین می‌شدند که پرهیب سعید را دیدم. از همان دور و با وجود اینکه هوا تاریک شده بود، از راه رفتنش کاملاً می‌شد تشخیصش داد. برخلاف همیشه صورتش گرفته بود و لبخند نداشت. از دیدنم جا خورد و احساس کردم خوشحال نشده است.

« این‌جا چه‌کار می‌کنی؟ چرا ساعت اومدنت رو خبر ندادی که بیاییم دنبالت؟»

تا آمدم حرفی بزنم دوباره با لحنی تلخ و سرزنشگر گفت: «چی فکر کردی؟ فکر کردی این‌جا پاریسه و می‌تونی این وقت شب، راحت تو شهر تنهایی راه بری؟»

به او حق می‌دادم اما دلم هم گرفته بود از کل عیدی که پیش رویم بود، چون فهمیدم سیما و بچه‌هایش رفته‌اند شمال، مادربزرگ رفته خانه‌ی خاله‌جان، شوهر خاله‌جان و بچه‌هایش رفته‌اند مسافرت و پسر بزرگش هم رفته کرمان برای کوه‌نوردی.

تابلوی هفتم: چرخه‌ی حیات

سعید خیلی سریع خبرها را داد و گفت باید دوش بگیرد و لباس عوض کند و برود فرودگاه، مرا هم می‌رساند خانه‌ی خاله.

خنده‌ام گرفته بود به اولین باری که می‌خواستم خانواده‌ام را غافلگیر کنم، تصورم جیغ و فریادهای شادمانه بود که تبدیل شد به سکوت و اندکی هم سرزنش.

با همان ساک و همان سر و وضع راهی خانه‌ی خاله‌جان شدم. روز بعد وقتی با مادربزرگ به خانه برگشتم، فهمیدم خانه هنوز برایم آکنده از بوی مادر است. سعی می‌کردم به غم و افسردگی میدان ندهم تا بر سینه‌ام سنگینی نکنند. مشغول صحبت با مسعود بودم که خاله تلفن کرد. فقط یک جمله را تکرار می‌کرد.

«روزنامه... روزنامه... پسرم رو کشتن... پسرم رو کشتن...»

مسعود سریع به سمت در رفت و روزنامه‌ای را که روی پله‌ها افتاده بود، برداشت. عکس صفحه‌ی اول همه‌مان را میخکوب کرد؛ تصویر پسرخاله بود با این تیتر درشت: «دانشجوی جوان هنگام کوهنوردی در ارتفاعات جبال‌بارز جان خود را از دست داد.»

نوروز سال ۱۳۵۶ چنین نوروزی شد برای خانواده‌ی ما؛ مرگ پسرخاله را از طریق روزنامه فهمیدیم. مادرش شوکه بود و در

سکوت به دیوار روبرویش خیره مانده بود و لام تا کام حرف نمی‌زد. هر چه در زده بودیم در را برایمان باز نکرده بود. مسعود از دیوار بالا رفت و در حیاط را برای من و مادربزرگ باز کرد تا حال و روز خاله را ببینیم که بیشتر به مرده‌ها شبیه بود؛ روزنامه‌ی مچاله را در بغل گرفته بود و چیزی نمی‌گفت، گریه هم نمی‌کرد. مادربزرگ بر سر خود می‌زد و به جای همه‌ی ما که بهت‌زده بودیم زاری می‌کرد.

«کاش خدا منو می‌برد... کاش منو می‌کشت... هنوز یه سال از فوت مامان نگذشته... این چه مصیبتی بود... زنگ بزنین شاید دروغ باشه... زنگ بزنین به دوستاش به مربی‌ش...»

هر طوری بود به سعید خبر دادیم و سعید هم با سیما حرف زد و از او خواست به تهران برگردد. من هم در این میان درگیر صد تا سوالی بودم که در سرم دور می‌زد درباره‌ی جبال‌بارز و کرمان و کوهنوردی و بهمن، که اگر حالا بود با جستجو در اینترنت پاسخ همه‌شان را پیدا می‌کردم، اما آن موقع دنیا هنوز پر رمز و راز به نظر می‌رسید و دانش این همه سریع در دسترس همگان نبود. برای دانستن باید می‌پرسیدی، باید به کتابخانه می‌رفتی، باید دایره‌المعارف‌ها را ورق می‌زدی تا مثلاً بفهمی رشته‌کوه جبال‌بارز دشت لوت را از دشت هامون جدا می‌کند و بلندترین کوه‌هایش چهارهزار متر از سطح دریا ارتفاع دارند و حتی تا اواسط بهار هم پوشیده از برف‌اند. اگر می‌دانستم تعجب

تابلوی هفتم: چرخه‌ی حیات

نمی‌کردم از شنیدن خبر بهمن که می‌گفتند جان پسرخاله را گرفته. البته خبرها ضد و نقیض بودند و هرکس چیزی می‌گفت؛ یکی می‌گفت در روز حادثه، به دلیل بارش برف سنگین و وزش باد، پسرخاله که سرگروه تیم بوده، پیشنهاد داده چادر بزنند و منتظر بمانند تا هوا بهتر شود، بعد که هوا کمی آرام گرفته چادر را جمع کرده بودند و به سمت روستایی در آن حوالی راه افتاده بودند که بهمن مثل اجل معلق جانش را گرفته. یکی می‌گفت حین استراحت غذایی خورده که احتمالاً مسمومش کرده و یکی دیگر از افت فشار خونش حرف می‌زد. اما چیزی که واضح بود و تردیدی در آن وجود نداشت گم شدن جنازه بود. گروه او را در کوه رها کرده بودند تا به روستا بروند، کمک بیاورند و شرح ماوقع را به پلیس گزارش بدهند. به روستا که رسیده بودند هوا تاریک شده بود و برف همچنان می‌باریده، پس کسی برای رفتن به کوه و آوردن تن بی‌جان پسرخاله داوطلب نشده. همان شب خبر مرگ کوهنورد جوان در روستا پخش شده و خبرنگار محلی را کشانده بود به آنجا. خبرنگاری که با تماسش با دفتر روزنامه در تهران باعث شده بود خاله نه از طریقی انسانی و آرام بلکه با دیدن عکس پسرش در صفحه‌ی اول و با عبارات سرد و بی‌روح «جان باخت»، «کوهنورد جوان» و «جنازه‌ی مفقود» خبردار بشود که پسرش را از دست داده.

آن موقع آن‌قدر جنازه‌ی گمشده و خاله‌ای که حال و احوالش اصلاً مساعد نبود، فکر همه را مشغول کرده بود که کسی به صرافت شکایت از روزنامه که یکی از روزنامه‌های معتبر آن دوره محسوب می‌شد، نیفتاد.

خانه مدام از فامیل و دوست و آشنا پر و خالی می‌شد. عده‌ای از شهرستان آمده بودند و پذیرایی از آن‌ها سخت و طاقت‌فرسا بود. خاله وضعیت روحی خوبی نداشت و از دست فامیل هم ظاهراً کاری برنمی‌آمد. همه گیج و مبهوت فقط به هم نگاه می‌کردند و کارشان شده بود خبر گرفتن از این‌طرف و آن‌طرف و رد و بدل کردن نگاه‌های ناامیدانه، تا بالاخره سعید داوطلب شد که هلیکوپتر بگیرد و به جستجوی پسرخاله در ارتفاعات جبال‌بارز برود.

آن موقع کسی به سعید به عنوان قهرمان نگاه نکرد، شاید همه آن‌قدر غرق عزاداری بودیم که ذهنمان جایی برای قهرمان‌سازی نداشت، اما حالا می‌فهمم که سعید چه کار دشوار و خطرناکی را به عهده گرفته بود. پرواز طولانی‌مدت بر فرار کوه‌های بلند با هوای برفی و بوران‌های شدید، کاری نبود که هر کسی زیر بارش برود.

جنازه‌ی یخ‌زده‌ی پسرخاله بالاخره پیدا شد. خاله با کالبدشکافی مخالفت کرد و شک و تردیدها در مورد نحوه‌ی مردنش هنوز هم بعد از گذشت حدود چهل سال از بین نرفته‌اند.

می‌گویند خاک سرد است و فراموشی می‌آورد و صاحب عزا را آرام می‌کند. بعد از مراسم خاکسپاری و هفتم فضای ملتهب خانواده کمی آرامش به خود دید و دوستان و فامیل کم‌کم پراکنده شدند. من اما تا برگشتنم به ویشی در خانه‌ی خاله ماندم. نمی‌خواستم دخترخاله که دوست بچگی‌ام بود در آن شرایط تنها بماند. موقع برگشتن مأموریت سختی به دوشم افتاد؛ پسر کوچک‌تر خاله، مجتبی، در فرانسه زندگی می‌کرد و از تمام این قضایا و مرگ برادرش بی‌خبر مانده بود. خاله ازم خواست به او سر بزنم ولی درباره‌ی فوت برادرش حرفی نزنم. کار دشواری بود اما قبول کردم تا تسلایی باشد برای خاله که می‌خواست مطمئن شود پسر دیگرش در تنهایی و غربت دچار غم و اندوه نشود.

صبح زود اولین جمعه‌ی پس از برگشتنم به ویشی، با قطار به پاریس رفتم و بلافاصله قطار بعدی را گرفتم تا قبل از تاریک شدن هوا به شهر کان (Caen) برسم. در طول مسیر، خودم را سرزنش می‌کردم که چرا نتواستم خاله را متقاعد کنم که مجتبی

را از مرگ برادرش باخبر کند. او معتقد بود اگر مجتبی از این فاجعه باخبر شود، قطعاً برمی‌گردد و درسش را نیمه‌تمام رها می‌کند. من از پنهانکاری خسته بودم و می‌دانستم مجتبی بعدها که از ماجرا خبردار بشود چقدر از همه‌مان خشمگین خواهد شد، اما مجبور بودم همان کاری را انجام بدهم که خاله خواسته بود؛ این‌که به او اطمینان دهم که در تهران همه خوب و خوش و سلامتند.

در ایستگاه کان نقشه‌ی شهر را خریدم و دنبال آدرس پسرخاله‌ام گشتم. وقتی بالاخره آدرسش را پیدا کردم و به آن‌جا رفتم، فهمیدم چند روزی است به خوابگاه پسران نقل مکان کرده است. از دوستش آدرس خوابگاه را گرفتم و دوباره راهی شدم. هوا گرگ‌ومیش بود که سوار اتوبوس شدم. اسم ایستگاه مقصدم را به راننده گفتم و از او خواستم به آن‌جا که رسید صدایم کند. هر چه منتظر شدم از راننده صدایی در نیامد. نگاهی به داخل اتوبوس انداختم و دیدم که جز من، تنها یک مسافر دیگر نشسته است. کمی نگران شدم و تصمیم گرفتم همراه آخرین مسافر پیاده شوم. نمی‌خواستم تنها مسافر راننده‌ای باشم که لبخند و نگاهی عجیب داشت و دلم را به تپش می‌انداخت. موقع پیاده شدنم راننده با صدای بلند گفت: «هنوز نرسیدیم... پیاده نشو!» من بی‌اعتناء به حرفش پیاده شدم و باورم نشد وقتی دیدم راننده هم پشت سرم پیاده شد و دنبالم آمد و فریاد زد: «وایسا! هنوز

تابلوی هفتم: چرخه‌ی حیات

نرسیدیم! برگرد! من تو رو می‌رسونم!» سرعتم را زیاد کردم و از او دور شدم اما صدای گام‌هایش را می‌شنیدم که پشت سرم می‌دوید. در حالی‌که قلبم به شدت می‌تپید، خودم را انداختم پشت بوته‌های کنار جاده و پنهان شدم. از لابه‌لای بوته‌ها به او نگاه می‌کردم و می‌لرزیدم، امّا به خودم دلداری می‌دادم که اگر بی‌صدا بمانم در این تاریکی نمی‌تواند پیدایم کند. مدتی که برایم به اندازه‌ی قرنی گذشت، راننده همان اطراف پرسه زد و بعد برگشت سمت اتوبوس، سوار شد و دور شد. من حتی بعد از اینکه اتوبوس کاملاً از دیدم خارج شده بود جرئت نداشتم از پشت بوته‌ها بیرون بیایم. باید کمی می‌گذشت تا قلبم آرام بگیرد و باور کنم که همه چیز به خیر گذشته. بالاخره نقشه‌به‌دست و نامطمئن راه افتادم سمت شهری که از آن گذشته بودیم چون حدس می‌زدم خوابگاه نباید زیاد از شهر دور باشد. از موتورسواری که موقع گذشتن از کنارم سرعتش را کم کرده بود، راهنمایی خواستم اما او گفت چیزی در مورد جایی که دنبالش می‌گردم نمی‌داند و بهتر است اصلاً بی‌خیال آدرس خودم شوم و سوار موتورش بشوم و برویم جایی و شب را به خوشی با هم صبح کنیم.

با وحشت به اطرافم نگاه انداختم و وقتی جنبده‌ای را ندیدم احساس استیصال کردم و اشکم درآمد. با قدم‌های بلند از موتورسوار دور شدم. زیر لب مادرم را صدا می‌کردم و گمان

می‌کردم فکر کردن به او می‌تواند آرامم کند. وقتی از دور چند دختر را توی پیاده‌رو دیدم، انگار دنیا را به من داده باشند به سمتشان دویدم. نفس‌نفس‌زنان رسیدم نزدیکشان و گفتم دنبال خوابگاه دانشجویی می‌گردم. با مهربانی راهنمایی‌ام کردند و بخشی از مسیر را با من همراه شدند. دلم هنوز آرام نگرفته بود. اما وقتی ساختمان بلند و سفید خوابگاه را دیدم، نفسی عمیق کشیدم و احساس کردم بالاخره به مقصدم نزدیک شده‌ام.

قبل از ورود به ساختمان صورت اشک‌آلودم را پاک کردم تا باعث نگرانی مجتبی نشوم. اسمش را به نگهبان دم در گفتم. نگهبان در دفتر بزرگی آن را جستجو کرد و گفت که در همین خوابگاه ساکن است. اما من که روز بسیار سختی را پشت سر گذاشته بودم دیگر به هیچ‌کس و هیچ‌چیز اعتماد نداشتم. از نگهبان خواستم دفترش را نشانم دهد تا با چشمان خودم ببینم و مطمئن شوم. مدت‌ها از آن تاریخ می‌گذرد اما هنوز هم کاملاً به یاد دارم که با دیدن اسم پسرخاله‌ام در آن دفتر کذایی آن‌قدر خوشحال شدم که نزدیک بود بیهوش شوم. انگار وسط امواج دریا تخته‌پاره‌ای پیدا کرده بودم تا به آن بچسبم.

نگهبان گفت: «همین‌جا بمونید تا صداشون کنم.»

تابلوی هفتم: چرخه‌ی حیات

خسته و از توش و توان افتاده در تخت مجتبی آرام گرفتم. آن‌قدر احساس آرامش می‌کردم که در مقابل هیجان‌زدگی او و خوشحالی‌اش بابت دیدارم، فقط لبخند می‌زدم. وقتی هم که با لباس‌هایش برای خودش بالش درست کرد و پوستینی را که از تهران آورده بود، روی زمین پهن کرد تا بخوابد، توان تعارف کردن نداشتم. با این‌که گرسنه بودم اما حاضر نبودم آرامشی را که تازه پیدایش کرده بودم با هیچ چیز عوض کنم.

مجتبی انگار که صدای افکارم را شنیده باشد، گفت: «می‌دونم خیلی خسته‌ای و می‌خوای بخوابی، اما گرسنه‌ت نیست؟»

«راستش چیزی نخورده‌م اما خیلی گرسنه نیستم.»

«نمی‌شه که گرسنه بخوابی. من الان می‌رم چند تا کروسان از بوفه‌ی پایین می‌گیرم.»

هنوز بیرون نرفته بود که چند ضربه‌ی محکم به در اتاقش خورد. همان نگهبان دم در بود. صدایش را شنیدم که به مجتبی می‌گفت نمی‌تواند مهمان دختر داشته باشد.

«ایشون باید فوری خوابگاه رو ترک کنه.»

«این وقت شب کجا می تونه بره آخه؟»

«من نمی‌دونم. اما این قانون این‌جاست و قانون رو باید رعایت کنین.»

وقتی قیافه‌های ماتم‌زده‌ی ما را دید، کمی نرم شد و گفت: «می‌تونید تا صبح توی کافه‌تریا بمونین و بعد از ساعت هشت صبح به اتاق برگردین.»

هوا خیلی سرد شده بود، هر کدام پتویی دور خود پیچیدیم و روی پله‌ی جلوی ساختمان نشستیم و از این در و آن در حرف زدیم و خندیدیم. ماجرای راننده‌ی اتوبوس را برای او که دو سال‌ونیم از من کوچک‌تر بود، تعریف کردم. عصبانی شد و گفت: «فردا با هم می‌رویم ایستگاه مرکزی، تو اونو شناسایی کن، بعد ازش شکایت می‌کنیم.»

مخالفت کردم و گفتم: «من باید هرچه زودتر برگردم سر درس و مشقم. تا فردا عصر این‌جا می‌مونم و بعد به پاریس برمی‌گردم. خوشحالم که تونستم تو رو ببینم، چون به مامانت قول داده بودم که به دیدنت بیام.»

ازم خواست کمی در مورد تهران بگویم و آدم‌ها. خوشحال بودم که چهره‌ام را خوب نمی‌بیند. پتو را هم حسابی بالا کشیده بودم تا اگر صدایم لرزید گمان کند سردم شده. همان‌طور که خاله خواسته بود گفتم همه چیز خوب است و همه سلامتند.

تابلوی هفتم: چرخه‌ی حیات

با این حال صدایم موقع گفتن این جملات غمگین و گرفته بود. مجتبی هم این را فهمید و پرسید: «واقعاً؟»

«آره... آره... همه خوبن.»

خورشید آرام‌آرام بالا می‌آمد و ما کم‌کم می‌توانستیم به اتاق برگردیم. به داخل سرک کشیدیم و دیدیم نگهبان پشت میزش نیست. بی‌سروصدا و پاورچین از پله‌ها بالا رفتیم و وارد اتاق شدیم. خستگی و بی‌خوابی باعث شد بی‌درنگ خوابمان ببرد. خوابم عمیق و سنگین بود. گمانم فشار آن روز و شب آن‌قدر زیاد بود که به دنیای تاریک خواب پناه برده بودم. قبل از برگشتنم به ویشی، موقعی که بالاخره همراه مجتبی داشتیم توی کافه‌تریا چیزی می‌خوردیم، ناگهان لقمه در گلویم گیر کرد چون یاد خوابم افتادم؛ خواب کوهستانی پربرف را دیده بودم و خواب خاله و مادربزرگ را که توی برف و بوران راه می‌رفتند و دنبال بچه‌هایشان می‌گشتند.

عصر همان روز به سمت پاریس حرکت کردم و بعد از گرفتن قطار نیمه‌شب، صبح به ویشی رسیدم.

از همان ابتدای ورود به کاویلام، با انگیزه‌ای بیشتر از قبل چسبیدم به درس‌هایم. در تمام کلاس‌ها و اردوهای علمی

شرکت می‌کردم و هر فرصتی را برای یادگیری بیشتر غنیمت می‌شمردم. خوب می‌دانستم که این تلاش‌ها بی‌فایده نخواهند بود و پلی خواهند ساخت برای رساندنم به رؤیاهایی که در سر داشتم.

بعد از مدتی ماندن در ویشی و آشنا شدن با زیر و بم زندگی در آنجا، شروع کردم به گشتن دنبال خانه‌ای واقعی‌تر. می‌خواستم از سوییت‌ها و آپارتمان‌های دانشجویی بیرون بزنم. از مادام آمبر منشی کاویلام خواستم برای پیدا کردن خانه کمکم کند. مادام آمبر کمی فکر کرد، لبخند زد و پیشنهاد داد در خانه‌ی خودش پانسیون شوم. گفت دو دختر چهارده و هجده‌ساله دارد و احتمالاً تأثیر خوبی بر هم خواهیم گذاشت. از فکر زندگی کردن با او و دخترهایش قند در دلم آب شد. من که عادت داشتم در خانه‌ای بزرگ و پر رفت‌وآمد زندگی کنم و دلم برای زندگی خانوادگی تنگ شده بود، با کمل میل پذیرفتم.

رابطه‌ام خیلی زود با دخترها تبدیل شد به رابطه‌ای پر از انرژی و سرزندگی، بیشتر وقت‌ها بعد از مدرسه کنار هم می‌نشستیم، درس می‌خواندیم، با هم میز شام را می‌چیدیم و با شوخی و خنده ظرف‌ها را می‌شستیم و خشک می‌کردیم.

گاهی موهای خانم رامبر را کوتاه می‌کردم، بیگودی می‌پیچیدم و سشوار می‌کشیدم. دختر کوچک‌تر با کنجکاوی کنارم می‌نشست، از نزدیک تماشا می‌کرد و بی‌وقفه سوال می‌پرسید.

یک بار با برنج و زعفرانی که از ایران آورده بودم، برای خانواده چلوکباب با ته دیگ سیب‌زمینی پختم و کارم درآمد، چون عاشق چلوکباب شدند و خوردن آن برنامه‌ی همیشگی آخر هفته‌مان شد.

در کنار خانواده‌ی رامبر احساس می‌کردم باز هم صاحب خانواده شده‌ام؛ آدم‌هایی که از سر اجبار زیر یک سقف زندگی نمی‌کنند، بلکه درغم و شادی هم شریکند و حضور هر کدام بر زندگی بقیه تأثیر زیادی دارد.

در کنار آن‌ها دوستان خوب دیگری هم پیدا کردم. بیست‌ساله بودم و پسری جوان که در جمعی ایرانی با او آشنا شده بودم، کم‌کم توجهم را جلب کرده بود. مرتب هم را می‌دیدیم و با هم وقت می‌گذرانیدم. رابطه‌مان آن‌قدر روشن و بدون زوایای تاریک بود که از همان ابتدا می‌دانستیم سرنوشتمان به هم گره خورده. شرح عشق و ازدواج و زندگی پنجاه ساله‌امان با هم و تا کنون، خود دفتری دیگر است، فقط همین را بگویم که در تعطیلات کریسمس به تهران رفتیم و در مراسمی ساده ازدواجمان را ثبت کردیم و خانواده‌ی خودمان را ساختیم.

رنگ و راز

زندگی مشترک ما بر پایه عشق، صداقت، احترام و همدلی استوار شد، پیوندی که با هر طلوع و غروب، عمیق‌تر و درخشان‌تر شد. عشق نه‌تنها یک احساس ناب و بی‌همتاست، بلکه جریانی است که زندگی را رنگ می‌بخشد و در برابر امواج ناملایمات، چون سدی محکم می‌ایستد. برای ما، زندگی فراتر از وظایف روزمره بود؛ زندگی، در رویاهایی معنا می‌یافت که با شجاعت و اشتیاق دنبالشان کردیم. این عشق به من بال‌هایی داد تا در آسمان هنر نقاشی روی ابریشم پرواز کنم، جایی که خط‌ها و رنگ‌ها، داستانی از قلبم را بر پارچه‌ای ظریف می‌نگاشتند.

گاهی، در لحظه‌های سکوت، تصویری پیش چشمانم جان می‌گیرد: زوجی جوان، پشت به من، در برابر غروب خورشید ایستاده‌اند، در دشتی که قاصدک‌ها با نسیم ملایم به رقص درآمده‌اند. زن، ظریف و کوچک‌اندام، دامنش در باد می‌رقصد؛ مرد، بلندبالا با پالتویی سورمه‌ای، دستش را آرام دور شانه‌ی او حلقه می‌کند. آن دو به چرخه‌ی طبیعت و گردش روزگار ایمان دارند؛ می‌دانند که صاحب فرزندانی خواهند شد و فرزندانشان صاحب فرزندانی. از تولد شادمان‌اند و از مرگ نمی‌هراسند. با این باور که عشق، تنها عشق، همیشه پناهگاهشان خواهد بود.

تابلوی هفتم: چرخه‌ی حیات

و در این لحظه‌ی عاشقانه، نسیمی که قاصدک‌ها را به پرواز درآورده، گویی مرا به سوی پارچه‌ای ابریشمی می‌خواند که در کیفم انتظار می‌کشد. آن را از کیفم بیرون می‌آورم، پارچه‌ای که پرنده‌ای ناتمام بر آن نقش بسته، پرنده‌ای که بخشی از وجودم را در خود دارد. رنگ‌ها جان دارند، خطوط با قلبم سخن می‌گویند، اما رازی در تار و پودشان پنهان است، رازی که منتظر سفری تازه است. شاید روزی، در سایه‌ی قاصدک‌ها، این پرنده بال بگشاید و داستان‌هایم را بار دیگر با تو، با جهان، در میان بگذارد.

من بجُستم عشق را در جانِ تو

در نگاهِ عاشقِ بی‌تابِ تو

عشقِ تو همتا ندارد جانِ من

زنده‌ام از بهر عشقِ نابِ تو

بیوگرافی

ایرن‌مونیک صالحی در سال ۱۳۳۳ در پاریس متولد شده است. در پاریس و تهران و کانادا در رشته‌ی هنر تحصیل کرده و اکنون با بیش از سی سال سابقه‌ی فعالیت در زمینه‌ی نقاشی روی ابریشم در تورنتو زندگی می‌کند.

او از سال ۱۹۹۸ نمایشگاه‌های انفرادی و گروهی بسیاری را در کانادا برگزار کرده و برنده‌ی جوایزی معتبر بوده است؛ از جمله دریافت جایزه‌ی «دکتر مارسل لومیئو» از کالج شریدن کانادا در رشته‌ی طراحی و صنایع دستی، و جایزه‌ی «مارتیز» در بخش هنرهای تجسمی از شورای هنری می‌سی‌ساگا.

زندگی، مرگ و رمز و راز جهان هستی در نقاشی‌های ایرن‌مونیک صالحی درون‌مایه‌هایی مهم و تاثیرگذارند. آثارش، با رنگ‌های درخشان و تکنیک‌های مدرن، بیننده را به سفری بصری به سوی حقیقت و روشنایی درونی می‌برند. ایرن‌مونیک صالحی در نوشته‌هایش کوشیده تا با بهره گرفتن از زندگی شخصی معنای زندگی را از طریق کلمات نیز جستجو کند. معنایی که از نظر او درآمیخته با رنگ است.

انتشارات آسمانا (تورنتو) منتشر کرده است:

پژوهش‌های علمی و دانشگاهی

- *Music on the Borderland: Remembering and Chronicling the 1979 Revolution's Shadow on Iranian Music*, by K. Emami, 2024.
- *Whispers of Oasis: Likoo's Poetic Mirage*, by M. Ganjavi, A. Fatemi and M. Alimouradi, 2024
- *زبان، انسان و جامعه: ادبیات و زبان‌های اقلیت در ایران*؛ ویرایش امیر کلان؛ مهدی گنجوی، آنیسا جعفری و لاله جوانشیر، ۲۰۲۴.
- *تنگلوشای هزار خیال؛ جستارهایی در ادب و فرهنگ*، رضا فرخفال، ۲۰۲۴
- *دلالت‌های تحلیل طبقاتی در سرمایه‌داری امپریالیستی*، محمد حاجی‌نیا و شهرزاد مجاب، ۲۰۲۴
- *شبِ سیاه و مرغان خاکسترنشین؛ شعر نیما در دهه‌ی دوم: ۱۳۲۱-۱۳۱۱*، ۲۰۲۴
- *حافظ و باژگویی*، تالیف رضا فرخفال، ۲۰۲۴
- *زنان کُرد در بطن تضاد تاریخی فمینیسم و ناسیونالیسم*، تالیف شهرزاد مجاب، ۲۰۲۳
- *شورش دهقانان مکریان ۱۳۳۲ - ۱۳۳۱ : اسناد کنسولگری، مکاتبات دیپلماتیک و گزارش روزنامه‌ها*، پژوهش امیر حسن‌پور، ۲۰۲۲

تصحیح انتقادی

- *تاریخ شانژمان‌های ایران*، تالیف میرزا آقاخان کرمانی (به کوشش م. رضایی تازیک)، ۲۰۲۴

- *رستم در قرن بیست‌ودوم* (تصحیح انتقادی و مصور)، تالیف عبدالحسین صنعتی‌زاده (ویرایش م. گنجوی و م. منصوری)، ۲۰۱۷

شعر

- *زیر گنبد دوار*، شعر از عباس امانت، ۲۰۲۵.
- *شهرآشوب*، شعر از امیر حکیمی، ۲۰۲۵.
- *خمار صدشبه*، شعر از منصور نوربخش، ۲۰۲۵.
- *دفتر الحان*، شعر از امیر حکیمی، ۲۰۲٤.
- با *سایه‌هایم مرا آفریده‌ام*، شعر از هادی ابراهیمی رودبارکی، ۲۰۲٤
- *شهروندان شهریور*، غزل از سعید رضادوست، ۲۰۲٤
- *آینه را* بشکن، شعر از نانائو ساکاکی، ترجمه مهدی گنجوی، ۲۰۲٤
- *عجایب یاد*، شعر از امیر حکیمی، ۲۰۲۳
- *کهکشان خاطره‌ای از غروب خورشید ندارد*، شعر از مهدی گنجوی، ۲۰۲۳
- *غریبه‌هایی که در من زندگی می‌کنند*، شعر از مهدی گنجوی، ۲۰۲۱
- *تبعیدی راکی*، شعر از علی فتح‌اللهی، ۲۰۱۸

داستان

- *Destined to Lead?*, a novel by Hushand Dowlatabadi, translated by Hadi Dowlatabadi, 2025
- *An Iranian Odyssey*, a novel by Rana Soleimani, translated by Fereidon Rashidi, 2025
- *مجتمع دخترانه*، رمان از محبوبه موسوی، ۲۰۲۵.
- *مستیم و خرابیم و کسی شاهد ما نیست*، رمان از مهدی گنجوی، ۲۰۲۵.
- *اسباب شر*، رمان از جواد علوی، ۲۰۲۵.
- *جلوی خانه ما یکی مرده بود*، مجموعه داستان از اکبر فلاح‌زاده، ۲۰۲٤

- *زینت*، رمان از وحید ضرابی‌نسب، ۲۰۲٤
- *فیل‌ها به جلگه رسیدند*، رمان از کاوه اویسی، ۲۰۲٤
- *مقامات متن*، رمان از مرضیه ستوده، ۲۰۲٤
- *انتظار خواب از یک آدم نامعقول*، مجموعه داستان از مهدی گنجوی، ۲۰۲۰

نمایش‌نامه

- *بغلم‌کن، لعنتی، بغلم‌کن*، نمایش‌نامه از علی فومنی، ۲۰۲۵.
- *درنای سیبری*، نمایش‌نامه از علی فومنی، ۲۰۲٤
- *یوسف، یوزف، جوزپه*، نمایش‌نامه از علی فومنی، ۲۰۲۵

برای ارتباط با نشر آسمانا:
Asemanabooks.ca

--------------------------------Asemana Books--------------------------------

Colour and Mystery

A Life in Seven Paintings

Irene Monique Salehi

Asemana Books
2025